悪が勝つのか？
——ウクライナ、パレスチナ、そして世界の未来のために

井上達夫　著

法と哲学新書

信山社

目　次

目　次

目　次

目　次

悪が勝つのか？

——ウクライナ、パレスチナ、そして世界の未来のために

プロローグ――狂う世界で正気を失わないために

人類史上、戦乱の絶えた日はほとんどないだろう。しかし、その激しさには波のような振動がある。我々はこの数年来また、軍神アレース（マルス）が狂暴さを増し、地球上の各地で荒れ狂う現実を目の当たりにしている。世界は潮流が激しくぶつかりあって渦巻く、荒立つ海と化している。世界の荒海の波しぶきは、人間の血しぶきである。アレースは、その邪剣で多くの人間を殺戮しているだけでなく、正義の女神ディケー（ユースティティア）にも斬りかかっている。

ウクライナ戦争とガザ戦争がとりわけあからさまな仕方で示しているように、血しぶきを上げる軍事的暴力の行使において、侵略を禁じる「開戦法規＝戦争への正義（*jus ad bellum*）」も、民間人の人道的保護を求める「交戦法規＝戦争における正義（*jus in bello*）」も昂然と蹂躙され、人間の生命だけでなく、武力行使を統制する国際法と国際正義の生命も危殆に瀕している。

この現実に対して、法と正義は無力なのか。法と正義という規範原理により、軍事的暴力を除去できなくても、その暴走を抑制することが、そもそも、またいかにして可能なのか。これは私のような法哲学者の宿年の難問であるだけでなく、人類全体の切実な課題である。ウクライナ戦争とガザ戦争の現実は、この課題の切実性・緊要性を改めてまざまざと示している。アレースがディケーを斬殺しようとしているにも拘らず、ディケーを擁護し救おうとする努力が、国際社会において十分発揮されていないだけでなく、ディケー殺しに加担する声が強まりさえしている。

ウクライナ戦争についてまず言えば、西側諸国で、対露宥和主義言説が再び台頭している。この言説は、侵略を執拗に続行し激化させているロシアではなく、自衛のため抗戦しているウクライナに戦争長期化の責任を転嫁し、西側諸国がウクライナ支援を止めてウクライナに抗戦を断念する圧力をかけよと、倒錯的な要求を突き付けている。侵略者にご褒美を与えれば、正義を犠牲にして平和を実現できるどころか、さらなる侵略のインセンティヴを、ロシアのみならずその潜在的模倣勢力に与え、持続可能な平和を破壊する点で、この言説は自壊的でもある。

さらに、ウクライナは自国の自衛のためだけでなく、侵略と戦争犯罪を禁止する国際社会の基礎的規範を守るために膨大な犠牲を払って軍事大国ロシアと戦ってきた。それにも拘わらず、西側諸国で「支援疲れ」などという欺瞞的口実で、ウクライナ支援縮減要求に同調する声も高まる兆しがある。しかし、西側諸国はこのウクライナに対し「少なすぎて遅すぎる(too little, too late)」としか言いようのない支援を小出しで分割払いしてきただけで、ロシアの攻勢激化に対抗するのに十分な支援、「疲れるほどの支援」などしてこなかった[1]。

シリアにおけるアサド政権の瓦解と内戦終結プロセスの開始は、ウクライナが自国のためだけでなく世界の平和と正義のために戦っていることを象徴する事件である。シリアが安定した民主体制を確立できるかどうかはまだ不明だが、暴虐きわまりない独裁政権の瓦解により、それに向けて重要な一歩が踏み出されたことは事実である。ウクライナがロシアに対し堅忍不抜の抗戦を続けてきたからこそ、アサド政権の最大支援国たるロシアはアサドを支え続ける余裕をなくした。それがこの政権の崩壊をもたらした最大要因である。しかし、ロシアはアサド政権を見捨てて節約した軍事的資源を、ウクライナ攻撃を一層激化させるために使っている。国際社会が世界の平和と正義を本当に追求する気があるなら、このウクライナへの支援をいま縮減・停止するどころか、ウクライナの貢献に報いるために支援を増強することこそ、その責務である。しかし、あべこべにウクライナを見捨てようとする声が、いまや西側諸国でも響いている。

ガザ戦争では、イスラエルは二〇二四年一〇月七日のハマース侵攻に対する正当な自衛権行使としてガザ侵攻を始めたものの、数万ものガザ民間人を無差別殺戮し、自らの戦争犯罪が、イスラエル民間人を一、〇〇〇人以上殺戮しガザ住民を「人間の盾」にしたハマースの戦争犯罪で帳消しにされるかのように、交戦法規を踏みにじる専横な武力行使を続けている。ハマースによるイスラエル民間人虐殺に憤るイスラエル国民の間では、イスラエル人犠牲者の数十倍に及ぶガザ住民のイスラエル軍による虐殺を当然の報いと見る者も少なくない。自国の戦争犯罪が敵の戦争犯罪で帳消しにされるという論理は、敵と味方がそれぞれの戦争犯罪を相乗的に積み重ねることを合理化する危険な詭弁である(2)。

この状況の中で、二〇二四年一一月に米国大統領選挙でドナルド・トランプが勝利し、二〇二五年一月二〇日（米国時間）に大統領の座に復帰することとなった。周知のように、トランプはかねてよりウクライナ支援には消極的で、イスラエルに対しては支援姿勢をバイデン以上に強く示している。この第二次トランプ政権（トランプⅡ）の下で、最大のウクライナ支援国だった米国が支援を打ち切り、侵略者ロシアに有利な条件での停戦をウクライナに押し付けるのではないか。イスラエルに対しては逆に支援を増強し、イスラエルのパレスチナ支配を強化するような中東政策を推進するのではないか。こういう観測が広がっている。

バイデン政権終焉直前にイスラエルとハマースとの停戦合意が発表されたが、本書第三章第三節(2)で論じるように、この停戦合意はガザ戦後統治計画という、ガザ戦争終結にとって決定的な問題を棚上げにしている点で、貫徹可能性が乏しいだけでなく、問題解決力をまったく欠いている。

トランプⅡの登場は米国の国内政治だけでなく世界経済と国際政治に大きなインパクトを与えるのは必定である。ウクライナ戦争とガザ戦争の帰趨も大きく影響されるだろう。好むと好まざるとに拘わらず、我々は「ウィズ・トランプⅡ」の世界を今後四年間生きていかなければならない。この世界においては、戦力濫用を統制する国際社会の法と正義に対する侵犯が是正されるよりも、侵犯者を利する形でウクライナ戦争とガザ戦争が終結させられる可能性、すなわち、「悪が勝つ」可能性は高まっているかに思われる。

しかし、「悪が勝つのか否か」は、自然現象ではない。我々人類が「悪を勝たせるのか否か」という我々の実践的選択に依存した政治現象である。「悪を勝たせない」ためには、まず、「悪」の実態を解明し、この「悪」の原因と帰結、この「悪」の支配力を支える条件と掘り崩す条件、「悪」が除去された事態を安定化させ、その再現を抑止する条件を理解しなければならない。本書は、ウクライナ戦争とガザ戦争に焦点を当てて、国際社会の法と正義を蹂躙する国家暴力という悪の実態を実証的に解明するとともに、この悪を勝たせないための現実的方途を探究する試みである。

本書の執筆の経緯にここで触れておく。本書は私の前著『ウクライナ戦争と向き合う――プーチンという「悪夢」の実相と教訓』（信山社、二〇二二年）の続篇である（以下、本書で使う「前著」という語はこの拙著を指す）。二〇二二年二月下旬にロシアによるウクライナ侵攻が開始されたが、前著は、それから約七カ月後に、信山社の「法と哲学新書」の一巻として刊行された。遅筆の私が新書本とはいえ一冊の書物をこんな短期間で書き上げたことに自分でも驚いた。正当化の余地の全くない侵略戦争をロシアが平然と始めたことに驚いただけでなく、こんな暴虐な侵略戦争を実行するロシアを事実上擁護し免責する「NATO東進帰責論」や、対露宥和主義言説を振り回す知識人・専門家が西側諸国にも少なからずいたことに衝撃を受け、それに突き動かされて書いた。これらの言説の虚妄性・欺瞞性を剔抉することが、ロシアの侵略戦争を制止する国際社会の断固たる協調行動を推進強化するために必要不可欠であり、それが法哲学者としての私の使命だと考えたことが執筆動機となった。

ウクライナ戦争は前著で予想した通り長期化した。私は前著の問題関心と戦争正義論上の立場に一貫して立ちつつ、その観点から状況の推移を見守り、前著をフォローアップする論説をその後二本、研究雑誌『法と哲学』に寄稿した。①「ウクライナ戦争再説──侵略者に褒美を与えても、持続可能な平和は実現しない」(『法と哲学』九号、二〇二三年六月、一-三六頁所収)と、②「この世界の荒海で──戦争犯罪に狂う報復主義と侵略に加担する宥和主義を超えて」(『法と哲学』一〇号、二〇二四年六月、一-三九頁所収)がそれである。

①は前著刊行後八カ月を経た二〇二三年五月下旬までの状況を踏まえて書かれ、②は、ウクライナ戦争に加えてガザ戦争が勃発した二〇二三年一〇月から二〇二四年五月までの状況を踏まえて書かれた。①と②はそれぞれ本書の第一章と第二章に原題のまま再録されている(ただし、どの時点での考察かを示すために、初稿擱筆の時期を括弧書きで章題の主題の後に付記した)。再録にあたっては、初稿の元の文章に対する変更は、誤植・誤記の訂正や、各節を小見出し付きの項に小分けしたことに伴う変更、横書きを縦書きに変えたことによる数字表記の変更など、形式的修正に止めた。これは第一章と第二章の初稿執筆時の私見を、後知恵で変更せずにそのまま読者に示すためである。

ただ、初稿執筆以降の事態の推移や更なる考察に基づく実質的加筆が必要と思われた箇所もあり、そのような実質的加筆をする場合には、角括弧内の補記という形で、加筆部分を挿入した。実質的加筆が長くなる場合には、章末に「追記」という形で付した。第一章の「追記Ⅰ」、「追記Ⅱ」「追記Ⅲ」がそれである。ただし第一章の「補記」は初稿に収められたものである。このような加筆修正部分についての表記法により、第一章と第二章については、何が私の初稿執筆時の見解であり、何が後知恵的追加であることが読者には明瞭になるだろう。この点に拘るのは、状況の変動に応じて私が無節操な改説や改説の隠蔽をしてはいないことについて、読者に厳正にチェックしていただきたいからである。

第三章は本書のための書下ろしであり、②を擱筆した二〇二四年五月から二〇二五年一月半ば過ぎまでの状況を踏まえて書いた。ウクライナ戦争ではロシアの攻撃が激化し、ガザ戦争ではイスラエルの攻勢がハマースに対してだけでなく、レバノンのヒズボラやイランにまで拡大し、軍事的優位に立つイスラエルが専横化している中で、米国大統領選でトランプが勝利し、既述のように「悪が勝つのか」という懸念が高まっている状況において、第一章と第二章の議論も統合した上で、「悪を勝たせない」仕方で戦争を終結させるための現実的方策を考察した。この第三章の最終節たる第四節「世界は何処へ行くのか」は第三章の結語であると同時に、本書全体を総括するエピローグである。

このような経緯で成立した本書は、前著で提示した基本的な問題関心と戦争正義論上の立場を立脚点として、ウクライナ戦争とガザ戦争の変動する状況を、二〇二三年春から現在までの三つの時点で観測・分析し、規範的に正当化可能で実現可能性のある戦争終結の道筋を探究した「法哲学的定点観測」の記録である。狂う世界で我々が正気を保つための指針を提示する試みであると言ってもよい。

本書刊行については、信山社の稲葉文子さんに前著と同様、いや、前著以上に、御世話になった。この場を借りて感謝したい。「悪が勝つのか」どうかが分からない、いまこの時点でこそ、本書を刊行すべきだとして私の背中を彼女が強烈に押してくれなかったら、「状況が流動的だからまだ書けない」という口実で執筆をずるずると先延ばしにし、本書は結局刊行の日の目を見なかったかもしれない。

「ミネルヴァの梟は、黄昏に飛ぶ」――このヘーゲルの言葉はあまりに有名である。歴史を事後的に解釈することが哲学の仕事だと彼は言いたかったようだ。この言葉を序文に含む『法哲学綱要』が刊行されたのは一八二一年であり、一七七〇年生まれのヘーゲルが五〇代初めで、「知命」の齢に達した直後である。「天命」を歴史の舞台で実践すべき年齢で、彼は早々と楽隠居を決め込んだかのように思える。ヘーゲル解釈はともかくとして、肝要なのは次の一点である。哲学者も歴史の中で生きており、歴史を形成する責任から逃げられない。歴史のドラマに観客席はない。観客のつもりでいる者も、実はギリシャ悲劇のコロス（合唱隊）のように、歴史の進行に加担しているのである。世界の戦乱がこの真実を人類に突き付けているいま、私は、古稀を迎えた身ながら、「ミネルヴァの梟」気取りをやめて、こう言うしかない。

日の本の国の老獅子は、白昼にこそ吼えめ。

二〇二五年一月二〇日　第四七代米国大統領ドナルド・トランプ就任の直前に

井上達夫

（1） ウクライナに対する最大支援国である米国でさえ、「支援疲れ」を言えるほどの支援はしていない。米国で二〇二四年四月二三日に、共和党の反対で通らなかったウクライナ支援を含む追加予算案がやっと可決され、ウクライナ支援予算として、約六一〇億ドル（約九兆四、〇〇〇億円）が承認された（参照、https://www.yomiuri.co.jp/world/20240424-OYT1T50170/）。これは巨額に見えるが、米国の国防費やGDPの巨大さに比するなら、米国にとっては大した負担とは言えない。米国の二〇二四年度国防費の六・九％、確定した二〇二三年度GDPの〇・二二％である。

因みに、対GDP比でのウクライナ支援額の上位三位は、ロシアの脅威を強く感じている小国のバルト三国である。ウクライナ戦争勃発後ほぼ一年で、エストニアが一・〇七％、ラトビアが〇・九八％、リトアニアが〇・六五％を供出している（参照、https://www3.nhk.or.jp/news/html/20230224/k10013989781000.html）。

国力比で見るなら、超大国たる米国はこれら小国よりも、はるかに小さい支援しかウクライナに与えていない。それだけでない。米国が与えた支援の少なからざる部分は、自国軍事産業の利益として自国の懐に戻ってくるのである。それを勘案するなら米国の「正味負担額」はさらに少なくなる。バイデン政権の国防長官ロイド・オースティンと国務長官アンソニー・ブリンケンは退任前に、ウクライナ支援の緩みなき継続を求める共同論説を新聞紙上で発表したが、その中で、米国は五〇ヵ国の支援国グループ（the Ukraine Defense Contact Group：UDCG）の総支援額の半分を負担してきたが、「これらのウクライナへの投資は我が国に収益（returns）をもたらしており、防衛産業基盤を増強し、良き雇用を創出している」とはっきり述べている（cf. Lloyd J. Austin III and Anthony J. Blinken, "Putin's plan for peace is for no peace," in *The New York Times*, International Edition, January 16, 2025, pp. 1, 10）。

西側諸国のウクライナ支援が米国軍事産業に利益をもたらしていることを理由の一つにして、バイデン米国大統領がウクライナ侵攻をロシアにけしかけたとする「バイデン陰謀説」を主張する者もいるが、これが全く根拠のない謬見であることを示すものとして、拙著『ウクライナ戦争と向き合う』（本文後掲）六七‐七〇頁参照。バイデン陰謀説は断片的事実の誇張・曲解と飛躍推論に基づく謬見だが、米国のウクライナ支援が一方的供与ではなく、一部は米国に利益還元されていることは事実である。

(2) これに関して付言すれば、米国バイデン政権はガザ住民被害抑制をイスラエルのネタニヤフ政権に求めて無視されたにもかかわらずイスラエル支援を続けたばかりか、イスラエルの戦争犯罪を追及する国際刑事裁判所（ＩＣＣ）主任検察官によるネタニヤフ首相とガラント国防相（当時）への逮捕状請求を非難した。ウクライナ戦争での戦争犯罪に関しプーチンにも逮捕状を発出したＩＣＣをロシアが激しくバッシングしているが、米国はプーチンに対する

ＩＣＣの逮捕状発出を正当とし、自らはＩＣＣに加盟していないにも拘らず、ＩＣＣ加盟諸国にプーチン逮捕への協力を求めさえした（参照、https://www.sankei.com/article/20230323-A5WY3Q6R7FNPXGPBG5UIYOQO6U/）。敵の戦争犯罪は追及するが、味方の戦争犯罪追及は許さないというあからさまな二重基準は、誰の戦争犯罪であれこれを厳正に裁くというＩＣＣに託された国際法の使命を愚弄するものである。

第一章　ウクライナ戦争再説〔二〇二三年五月〕

——侵略者に褒美を与えても、持続可能な平和は実現しない

戦争は、政治的行為であるばかりでなく、本来政策のための手段であり、政治的交渉の継続であり、他の手段をもってする政治的交渉の遂行である。

——カール・フォン・クラウゼヴィッツ『戦争論』（日本クラウゼヴィッツ学会訳）芙蓉書房出版、二〇〇一年（原典初版一八三二年）、四四頁

ウラジミール・プーチンにとって、停戦とは、彼の消耗した侵略軍を更なる攻撃に戻る前に休息させるのを可能にすることにすぎない。……戦闘凍結という時限爆弾ではなく、持続的で耐久性ある平和は、ロシアが戦場で大敗北を喫した後にはじめて可能になる。

——ウクライナ外務大臣ドゥミトロ・クレーバ「私はウクライナの外務大臣です。

プーチンは制止されなくてはなりません」(Dmytro Kleba, "I'm Ukraine's foreign minister. Putin must be stopped," in *The New York Times*, International Edition, July 30-31, 2022, p. 9)

一　ウクライナ戦争言説の進化と退化

(1)　ウクライナ侵攻の真因

■NATO東進帰責論とユーラシアニズム論を超えて

前著では、ロシアによるウクライナ侵攻の真因の説明として、いわゆる「NATO東進帰責論」――冷戦終焉後のNATOの東方拡大がプーチンを追い詰め、ロシア防衛のためにウクライナ侵攻に走らせたという見解――を批判した。この見解は、侵攻当初、国際政治における「自称リアリスト」たちが提唱し、欧米や日本で対露宥和主義になびく人々に影響力をもっていたが、現実認識としてまったく誤っていることを、私は冷戦終焉後のNATO・ロシア関係の変遷と侵攻前後の国際政治情勢の分析に基づき綿密に検証した。その上で代替的説明として、「プーチンの自己保身戦争」という見方を支持する議論を展開した。前著刊行から八カ月近く経ったいま、そこで提示した私見は依然基本的に妥当していると思えるだけでなく、私見と同様な見解の広がりも見られる。

前著の議論の詳細は別としても、侵攻の約一カ月後にゼレンスキー大統領がウクライナの中立化（ＮＡＴＯ非加盟）を受け入れる停戦提案を提示したにもかかわらず、ロシアが撥ねつけたことがいまや分かっている（参照、https://www.yomiuri.co.jp/world/20220330-OYT1T50054/）。それだけでなく、二〇二二年二月二四日のウクライナ侵攻開始時点で、ウクライナがＮＡＴＯ加盟を断念する暫定合意がロシアとの間でまとまっていたにもかかわらず、プーチン大統領が合意を拒否し、侵攻を続行したことが二〇二二年九月に報じられた。ここに及んで、プーチンにとってウクライナのＮＡＴＯ加盟問題は実は侵略の名目的な口実にすぎなかったという見方が強まっていることが指摘されている（参照、https://www.yomiuri.co.jp/world/20220916-OYT1T50043/）。いまだに「ＮＡＴＯ東進帰責論」を唱え続けるとしたら、それは単なる謬見への固執を越えて、ロシアのプロパガンダの御先棒を担ぐものだという誹りをもはや免れないと言ってよい。

ウクライナ侵攻をＮＡＴＯの脅威に対するロシアの防衛反応と見るＮＡＴＯ東進帰責論

に代わって、より攻撃的・野心的なロシアの帝国主義的自己拡大を目指す「ユーラシアニズム」というイデオロギー——道徳的に堕落した自由思想に惑溺する西側世界に対抗して、ロシア正教を精神的基軸とするロシアが、ピョートル大帝の遺志を受け継ぎユーラシア大陸を支配すべしとする思想——に、プーチンのウクライナ侵攻の動機を求める見解が、西側世界では広がった。前著では、これについて、プーチンはユーラシアニズム的言説を弄して、ロシアへのウクライナの一体化を求める論文を侵攻前に公表していたが、この思想を実際に信奉しているわけではなく、ウクライナ侵攻正当化のためのイデオロギー装置として利用しているだけだとする見方を示した。この批判的留保を付けつつ、侵攻正当化手段としてのユーラシアニズムの利用は、侵攻目標がウクライナの緩衝国家化ではなくロシアへの吸収（併合ないし傀儡国家化）にあることを示す点に、その意義があることを指摘した。

■「プーチンの自己保身戦争」論の進展——その実践的含意

NATO東進帰責論の誤謬を正し、ユーラシアニズム論の射程を限定した上で、前著では、「対外硬、内に憂あり」という国際政治の経験則を踏まえ、プーチンの真のウクライナ侵攻動機が、長期化したプーチン支配体制の専制化と腐敗堕落——プーチン自らが首領として利権を貪る「盗賊国家（kleptocracy）」へのロシアの頽落――に対し鬱積・昂揚しつつある国民の不満（内憂）を、外敵（外患）に向けてそらし、ロシア民族主義の情念を昂揚させ国民の結束とプーチンへの忠誠を再強化して、自己の権力基盤を保持することにあるする「プーチンの自己保身戦争」論を提示した。

ウクライナ侵攻をプーチンの自己保身戦争とみなす見解は、ロシア国内でもアレクセイ・ナワリヌイのような反体制派だけでなく、全ロシア将校協会会長で、退役上級大将であるレオニード・イヴァショフのような保守的軍人によっても、ロシアの国益を自己保身のために犠牲にしようとしているプーチンを糾弾する愛国主義的立場から提唱されていることを前著では指摘した。現在、この見方は西側世界でも広がりつつある。

例えば、ニューヨークタイムズはウクライナ侵攻一周年を目前に控えた二〇二三年二月二〇日の社説――以下NYT社説と呼ぶ――で、NATO東進帰責論を明確に否定し、次のように述べている。

　プーチン氏が見た危険はロシアの勢力圏（Russia's sphere of influence）に対するものではなく、彼の個人的な権力圏（his personal sphere of influence）に対するものだった。

民主的で親西洋的なウクライナは彼の権力独占に直接挑戦する思想を広める恐れがあった。……彼の体制が抑圧的になればなるほど、国内的抑圧のねじをきつく締めるのを正当化するために、実在のものであれ捏造されたものであれ、外的脅威（foreign threats）への必要性が比例的に増大するのである（The Editorial Board, "Why Ukraine deserves steadfast support," in *The New York Times*, International Edition, February 20, 2023, p.9）。

この見解は、私の「対外硬、内に憂あり」という視点からのプーチン自己保身主因論と重なる。それを確認した上で、このNYT社説を越えた私見の意義を付言しておきたい。まず、NYT社説はこの見解を主張するにとどまるが、前著はその約半分を占める第一章で、これを論証する議論を詳細に展開している。しかし、より重要な点はNYT社説の次の提言に関わる。この社説は前記の見解に基づき、プーチンに真剣な外交的交渉をさせるには、武力でウクライナを屈服させることはできないことを彼に悟らせる必要があり、そのために米国と同盟国はウクライナ支援を放棄すべきではないとしている。

「武力でウクライナを屈服させることはできないことをプーチンに悟らせる」ためのウクライナ支援とは、ウクライナの抗戦能力を維持強化するための軍事的・経済的支援であるが、その続行が必要なことは私も認める。ただ、前著第二章で指摘したように、プーチンにこの侵略を止めさせることができるのは究極的にはロシア国民である。ロシア国民の民意がプーチンに侵略を止めさせる圧力をかけるよう変わるためには、この侵略がウクライナ国民に巨大な危害を無法な仕方で加えているだけでなく、ロシアにも甚大な損害をもたらしており、それはこれからさらに拡大し、ウクライナからの領土侵奪によってロシアが得るものより失うものの方がはるかに大きくなるという点を、ロシア国民に悟らせることが必要不可欠である。

　そのためにはウクライナへの軍事的経済的支援の継続だけではなく、ロシア経済を逼迫させる対露経済制裁の強化と制裁回避ルートを遮断する方策の徹底が不可欠であり、さらにそれに加えて、ロシア政府のプロパガンダが隠蔽・捏造しているこの戦争の実態――侵攻の無用性と無法性や、ウクライナ民間人に対するロシア軍の戦争犯罪だけでなく、ロシアの損失の実態、とりわけロシア兵の現実の死傷者数や、ろくな装備と訓練もなく多数のロシアの若者が「弾除けの肉壁」として犠牲にされている実態――をロシア国民に知らしめるための情報経路の拡大が必要である。

(2) 対露宥和主義言説の再浮上

前著でも——さらに、その基礎となった二〇二二年六月刊行の旧稿(『法と哲学』八号巻頭言)において既に——私はこの戦争の長期化を予想していたが、残念ながらそれは当たってしまったようである。ウクライナ戦争の実相に関して正鵠を打つと私が考える理解が広がる一方で、戦争の長期化が不可避であるという認識が広まるにつれ、戦争拡大への恐れや厭戦感情も日本を含む西側世界の世論の一部に流れ、それに掉さす形で対露宥和主義言説が再浮上する傾向も見られる。

顕著な例を挙げると、ドイツでは、二〇二三年二月二五日、ウクライナ侵攻一周年の機に、「左翼党(リンケ)」の連邦議会議員ザーラ・ヴァーゲンクネヒトが、ベルリンのブランデンブルク門の前で、ウクライナ戦争の即時停戦とロシアとの交渉開始を求める集会を主催した。そこで彼女は、「ウクライナで起きている殺戮と市民の苦しみに一刻も早く終止符を打たなくてはならない。ウクライナに兵器や弾薬を送り続けることは、無意味な消耗戦を引き延ばすだけだ」と主張し、さらに、「戦争が欧州全体、そして世界全体に拡大する危険を減らさなくてはならない。核戦争の地獄が出現する危険は大きい」という警告を発して、ロシアが受容可能な条件を提示する停戦交渉を要求した。

同年二月一〇日にヴァーゲンクネヒトがもう一人の集会主催者アリス・シュヴァルツァー（フェミニスト雑誌『エマ（EMMA）』編集長）とネット上で発表した同旨の共同声明には約七〇万人が署名したと言われるが、この集会に参加したのは主催者発表で五万人、警察発表で一万三、〇〇〇人にとどまった。この集会には極右の排外主義政党「ドイツのための選択肢（AfD）」も参加している（以上については、参照、https://www.fsight.jp/articles/-/49606）。日本でも、これに倣う形で、和田春樹・羽場久美子・伊勢﨑賢治らが広島G7サミットも照準に置いて「いまこそ停戦を」と題する同様な共同声明を発出して記者会見を行い、署名運動をしている（参照、https://www.youtube.com/watch?v=V75oDexMfQE）。

この言説は「人命の犠牲をこれ以上増やさないために、また、戦争の拡大を回避するために、直ちにロシアと平和交渉をして停戦せよ」という、一見、聞こえのいい主張をしているが、その実質的な政治的含意は、「ロシアが満足する程度に占領地を供与してでもロシアと妥協して直ちに停戦する圧力をウクライナにかけよ、そのために、欧米はウクライナの抗戦を促進する武器支援をやめよ」ということである。

ドイツでは、侵攻一周年を迎える時期に、対露宥和主義言説と重なりつつも重要な点で異なる対露停戦交渉促進論も台頭している。著名な哲学者ハーバーマスが新聞紙上で公表した「交渉請願」論説がその代表例である。以下では、まず、戦争の現況を分析した上で、対露宥和主義言説とハーバーマスの停戦交渉促進論を検討し、その問題点の解明を通じて、この戦争に対して我々がとるべき姿勢を再確認したい。

二　戦況の展開

(1)　戦況膠着とその打開への動き——欧米のウクライナ軍事支援強化

■ウクライナ支援強化の段階的進行——欧米の逡巡と決断

二〇二二年二月下旬にロシアのウクライナ侵攻が始まって、既に一年以上経った〔初稿執筆時現在〕。戦況は二転三転している。侵攻当初、数日でキーウを陥落させられるとロシアは楽観していたが、ロシア軍の準備不足や作戦・意思疎通の混乱により、機動力の高いウクライナ軍の反攻により簡単に首都近郊から撤退させられた。しかし、ウクライナを支援する欧米諸国は、この反攻を支えたスティンガー、ジャヴェリンなどの短射程軽火器は供与したが、ロシアを過度に刺激することを恐れて、長射程のロケット砲・ミサイル、戦車、戦闘機など攻撃能力のもっと高い武器のウクライナへの供与をためらい、これがウクライナ東部・南部におけるロシアの占領地拡大につながった。

これに対し、二〇二二年夏に米国が長射程ロケット砲ハイマースの供与を開始すると、ウクライナの反攻が勢いを得て、東部・南部における失地の一部回復が実現した。しかし、占領地域を死守しようとするロシアも、動員令拡大で兵力増強を図ると同時に、ウクライナ全土に対する膨大な数のミサイル攻撃により、ウクライナ戦力を拡散・摩耗させ、戦況は膠着した。

状況打開のための武器支援強化をめぐって、欧米諸国は二〇二三年一月に入って交渉を重ねた結果、ドイツ製主力戦車レオパルト2や、米国製の最先端戦車M1エイブラムスなど高性能戦車をウクライナに供与することに合意した。欧州諸国の中でもウクライナへの軍事支援拡大にきわめて慎重で、特に戦車供与を拒否してきたドイツが、この自国製高性能戦車を購入した他の欧州諸国がそれをウクライナに供与する場合に必要な承認を与えるのみならず、自らも直接供与に踏み切ったのは、米国がこれまで自制してきたM1エイブラムス供与に踏み切った結果である。欧米はこの「戦車連合（Tank Alliance）」の結成によって、それまでのウクライナ軍事支援のギアを一段引き上げた（以上の経過については、cf. Lara Jakes and Steven Erlanger, "West races to supply Ukraine with tanks," in *The New York Times*, International Edition, January 14-15, 2023, pp.1, 4; David E. Sanger, Eric Schmitt and Helene Cooper, "Preserving NATO unity by pledging U. S. tanks," in *The New York Times*, International Edition, January 27, 2023, pp. 1, 4）。

欧米のウクライナへの戦車供与は、整備点検の必要などの理由から、実施が当初予定より遅れたが、二〇二三年四月に入って、英国やドイツなど一〇カ国超が加わった「戦車連合」からまず四〇両以上が到着し、さらに増強される見込みである。新型戦車に対するウクライナ兵の習熟訓練も終わり、ウクライナの戦力の強化が見込まれる（参照、https://www.jiji.com/jc/article?k=2023040200215&g=int）。

戦闘機については、ポーランドとスロバキアが旧ソ連製戦闘機Ｍｉｇ-29を今春ウクライナに供与したものの、ウクライナが対露防衛能力向上のため不可欠だとして供与を要請してきた一層性能の高い戦闘機Ｆ-16については、欧米はロシアの反発を恐れて供与をためらってきた。しかし、二〇二三年五月一六日、英国スナク首相［当時］とオランダのルッテ首相［当時］は、欧州評議会の場で、Ｆ-16の供与とウクライナのパイロットの訓練のための「戦闘機連合（Jet Coalition）」を構築することに合意した（英国はハイマースより射程の長い巡航ミサイル、ストームシャドーの供与にも踏み切っている）。米国はF-16を自ら直接供与することにはなお慎重だが、米国製のF-16を保有する欧州諸国がウクライナに供与する場合には、必要な承認を与える旨を関係諸国に伝達したと報道され（参照、https://www.yomiuri.co.jp/world/20230519-OYT1T50140/）、広島G7サミットでこの点は再確認された。欧米によるウクライナ軍事支援のギアはこれで二段階引き上げられたことになる。[3] ウクライナ軍パイロットのF-16操縦訓練については、米国も協力することを表明している（参照、https://jp.wsj.com/articles/at-last-F-16-jets-for-ukraine-52253a6d）。

■「大反攻」への過剰期待を超えたウクライナ支援の在り方

このような欧米の漸進的にギア・アップされた武器支援強化を背景に、ウクライナ側の大反攻がなされるという予想が広がり、ウクライナ政府も既に準備はできたと表明している。昨秋の南部要衝ヘルソン市奪還など一部失地回復の後、戦況膠着が続き、欧米諸国に「ウクライナ支援疲れ（the Ukraine fatigue）」の兆しがあるという見方も示される中、「ウクライナが来たるべき大反攻で新たに大きな戦果を挙げることが、欧米諸国にウクライナ支援を続行させる上で必要である。逆に言えば、戦果が乏しければ、欧米のウクライナ支援への世論の支持が後退するリスクがある」という認識が欧米の政権側にもウクライナ側にもある（cf. Paul Sonne and Andrew E. Kramer, "Ukraine pressed to succeed on battlefield," in *The New York Times*, International Edition, May 8, 2023, pp. 1, 4)。

このような状況下で、ウクライナも実質的な戦果を確実にするために大反攻作戦を入念に展開しようとしているが、実質的な戦果が挙げられたとしても、失地奪還の領域が拡大するだけで、直ちにロシア軍を占領地から全面撤退させることは困難であり、戦争の長期化は避けられないと見られている。

ウクライナ側は欧米諸国が今回の大反攻に「一発逆転勝利」のような過度の期待をもつことに警告を発している。ウクライナ国防大臣オレクシー・レズニコフ［当時］は「我々にとって、これはスポーツの試合ではない。真剣な挑戦、兵士の生死の問題だ」とした上で、「この戦争の中でのどの成功も勝利に向けた新たな一段階、新たな一歩であり……この大反攻もその一挿話にすぎない」と述べている。欧米側でも、NATO事務総長イェンス・ストルテンベルグ［当時］は「我が同盟は長期に亘る戦争においてウクライナを支援すべく身を引き締めなければならない」と述べ、バイデン米国大統領［当時］はキーウ支援を「支援が必要な限り（as long as it takes）」続けると誓約し、[4] この大反攻の結果にかかわりなくウクライナへの追加的・補充的支援パッケージを議会に要請すると述べている（cf. Sonne and Kramer, *op. cit.*）。

たしかに、ウクライナへの最大の軍事支援国である米国については、共和党の姿勢や、次の大統領選挙の帰趨により状況は変わり得る「二〇二四年一一月の大統領選におけるトランプの勝利により、実際に状況は変わったが、これについては本書第三章で検討する」。しかし、F-16戦闘機供与とウクライナ軍パイロット操縦訓練の決定は、欧米が、目前に迫ったウクライナの大反攻の成果に拘わらず、ウクライナ軍事支援強化を続けるコミットメントを［この時点では］したことを意味する。理由は以下の通りである。

F-16を実戦で使うのはウクライナ軍のパイロットであり、その訓練にはかなりの期間が必要である。F-16供与承認に踏み切る前、米国は実戦配備に一年半はかかるとも見ていた。現在はそれより早く実現する可能性が認められるに至ったものの、経験豊富なパイロットでも訓練終了に四カ月から六カ月かかるとされている（cf. Lara Jakes, "Kyiv could have F-16s sooner than expected," in *The New York Times*, International Edition, May 25, 2023, p.5）。F-16が実戦配備されるのは早くても二〇二三年秋以降、大規模な配備は二〇二四年になると見られる。他方、ウクライナ軍の大反攻は遅くとも二〇二三年夏までに実施されると予想されている。欧米から供与された高性能戦車を実効的に使うには、地面がぬかるむ「泥濘期」を避ける必要があるが、「泥濘期」は「春の雪解け」と「秋雨」の時期に訪れるからである。[5] したがって、欧米がF‐16供与とパイロット訓練の軍事支援を約束したのは、目前の大反攻のためではなく、その後のウクライナの対露戦闘能力を強化するためである。

(2) 「バフムト陥落」宣言で露呈したロシアの脆弱性

■バフムト制圧の戦略的虚妄性

このようなウクライナと欧米の大反攻準備に向けた結束強化に対抗して、ロシアは広島G7サミットのさなかに、二〇二二年五月以来一年に亘り、エフゲニー・プリゴジンが率いる民間軍事会社ワグネルの兵力を使って激しい攻撃を加えてきたドネツク州の小都市バフムトを陥落させたと発表した。しかし、これはロシアの優勢へと戦況が転換したことを意味せず、むしろロシア側の脆弱性を示している。こう判断するのは、二つの理由による。

第一に、バフムト陥落はなお不確定であり、確定したとしてもロシアにとって戦略的に利益よりも損失が大きく、またウクライナにとって必ずしも戦略的失敗ではない。バフムト市内の大部分はかなり前からロシア軍が制圧しており、ウクライナ軍は郊外からこれを攻囲する戦略をとり、市の北部と南部の一部を奪還していた。市内全域をロシア側が征圧したという主張が仮に真だとしても、戦況が大きく変わったわけではない。ウクライナがロシアとのバフムト攻防に固執したのは、双方にとって戦略的重要性はさほど大きくないがロシアの政治的面子がかかっているこの地域の攻略にロシアの軍事資源を浪費させ、他地域に向けられるロシアの軍事力を減殺する狙いによる。プリゴジンが大量の弾薬を蕩尽したためロシア軍からの弾薬供給がしばらく枯渇したことは、ウクライナの戦略が奏功したことを示す。バフムト市内をロシアが制圧してもそれを攻囲するウクライナ軍との攻防が続く限り、ウクライナはこの狙いを達成できる（cf. Andrew E. Kramer, "Russia sees victory, but Ukraine sees opportunity," in *The New York Times*, International Edition, May 23, 2023, pp. 1, 5)。

また、陥落声明後に、プリゴジンは、ワグネル兵士戦死者が二万人――一九七八年から約一〇年続いた旧ソ連によるアフガン戦争におけるソ連兵戦死者総数約一万五、〇〇〇人を上回る――に達したと述べ[6]、ワグネルの兵を休ませるという理由で、ロシア軍上層部の指示なく一方的にバフムトから撤退させている（参照、https://newsdig.tbs.co.jp/articles/-/505626?display=1)。これはロシア側の戦力損耗の大きさを示すと同時に、プリゴジンは「制圧完了」

の口実で、ウクライナの大反攻の前に、自己の残された兵力を温存し再増強するために、バフムトから逃避したというのが実情ではないかと推察させる。

ワグネル撤退後に正規ロシア軍（あるいはチェチェン族長カディロフの特殊部隊）がバフムトを制圧し続けられるか否かは不明だが、制圧し続けられたとしてもロシアの戦略的利益には資さない。なぜなら、ロシアはこの小都市を完全に廃墟化させており、ロシア軍を駐留させて他地域への兵站・兵力配備の拠点とするために必要なインフラを破壊し尽くしてしまったからである。ウクライナがバフムトを奪還するのは領土奪還であるが、ロシアにとって、ウクライナの反攻に対しバフムトを固守するのは、政治的面子にこだわって、戦略的価値がない地域を守るために軍事力を浪費し続けることを意味する。

■ロシア軍事体制の分裂・混乱の露呈

第二に、バフムト攻略はロシアの軍事的勢力の内紛と、プーチンの統率力欠如を露呈した。攻略の主体となったワグネル兵を率いるプリゴジンは、弾薬供給の不足や作戦をめぐってロシア軍指導部と衝突したばかりか、この衝突を隠さず、SNS（テレグラム）で、ショイグ国防相とゲラシモフ参謀総長を「反逆者」という激しい言葉まで使って公然と非難した

（参照、https://jp.reuters.com/articleukraine-crisis-russia-prigozhin-idJPKBN2UV0Q7）。プリゴジンはロシア軍指導部の無能や自分への悪意を批判するが、軍指導部の方では、プリゴジンがバフムト攻略で自己の「武名」を高らかにするために、武器弾薬や兵力を浪費しながら、その結果としての弾薬枯渇・兵力損耗の責任を軍指導部に転嫁していると見ているのだろう。

広島Ｇ7サミットにゼレンスキー大統領も対面参加して欧米・日本とウクライナの結束を示したのに対抗して、ロシアの軍事的成功をアピールするために、プリゴジンとロシア軍指導部はバフムト陥落声明を発出することでは一致した。しかし、その後もプリゴジンはロシア軍指導部批判を止めず、ウクライナの健闘を称える発言すらし、さらにワグネル兵力をバフムトから勝手に撤退させており、プーチンはこの内紛を調停できないばかりか、隠蔽することさえできないでいる。この事態は、ロシアの軍事体制が分裂混乱しており、プーチンがそれを統率する政治力を発揮できていないことを世界に対し露顕させた。

ロシアの軍事的な分裂・混乱に関して付言すれば、自己の私兵組織と言うべき特殊部隊カディロフツィを率いるチェチェン族長ラムザン・カディロフも、ウクライナ侵攻に積極的に参加する一方で、作戦をめぐり、ロシア軍指導部を公然と糾弾している（参照、https://jp.

reuters.com/articleukraine-crisis-war-putin-idJPKBN2QZ003)。カディロフはプーチンが第二次チェチェン紛争で独立派を殲滅した後、チェチェンで独裁権力を獲得できたため、プーチンに忠誠を誓ってはいる。しかし、その一方で、モスクワからの干渉を排除してチェチェンを独立王国のように支配しており、自己の許可なくモスクワから将校が派遣されたら射撃するよう治安警察に命じると公言さえしている（参照、https://www.themoscowtimes.com/2015/04/23/kadyrov-authorizes-his-police-to-shoot-officers-from-other-parts-of-russia-a46061)。

カディロフは民主派や人権活動家を弾圧する専制的姿勢においてプーチンと軌を一にしている一方、強烈なチェチェン民族主義者でイスラム原理主義者でもあり、ロシア正教を精神的基軸にしてロシアの帝国主義的拡張を求めるユーラシアニズムとは相容れず、それをウクライナ侵攻のイデオロギー的正当化手段として利用しているプーチンに、どこまで本音の忠誠心を持っているかは疑わしい。プリゴジンと同様、カディロフも、プーチンがかわいがり「特権の餌」を与え続けて強大化・獰猛化させた「番犬」だが、これらの番犬はいつ主人に噛みつくかもしれない軍事的な自立性と狂暴性を秘めている［この予感はプリゴジンについて的中したが、これに関し、本章の追記Iを参照されたい］。

■反プーチン派ロシア軍事集団の台頭

ロシアの軍事的な分裂・混乱ということでは、反プーチンの立場から二〇二二年来ウクライナを支援してきたロシア人の準軍事集団、「自由ロシア軍団」と「ロシア義勇軍団」が、バフムト攻防にも参与する一方、ロシアのバフムト陥落宣言直後に、ウクライナに隣接するロシアのベルゴロド州を襲撃した事実も無視できない（参照、https://www.bbc.com/japanese/65717694）。自由ロシア軍団はプーチンと対立するオリガルヒや元ロシア軍人が支柱をなし、ロシア義勇軍団はウクライナのアゾフ連隊とつながりのある右翼ロシア人義勇兵から成ると言われる。これら準軍事集団は、現時点ではロシア正規軍に正面攻撃をしかけるほどの軍事的実力はもたないかもしれないが、ウクライナに隣接するロシアの国境地域をゲリラ的に攻撃し、ロシア軍の戦力を拡散させる能力は有しているようである。

プーチンは国内の批判勢力を徹底的に弾圧しているが、まさにその結果として、政治的変革ルートを遮断された反プーチン勢力がテロや破壊活動に抵抗手段を転換し、いまはまだ少ない自由ロシア軍団やロシア義勇軍団のような反体制的準軍事集団が、今後ロシア各地に叢生する可能性は十分ある。

例えば、ミャンマーでは軍事政権が民主派勢力を徹底的に弾圧した結果、後者が少数民族の武装抵抗組織と連携して武装闘争に方針転換しているが、似たようなことがロシアでも起こらないとは言い切れない。プーチンは主流派ロシア民族の反発を和らげるために、動員兵を辺境のイスラム系・モンゴル系の少数民族から特に多く調達し、戦死者数においても人口の一〇パーセントを占める最大都市モスクワからの動員兵の戦死は僅かであるのに対し、人口のはるかに少ないこれらの少数民族の戦死者数が突出している。そのため、当該少数民族に不満が高まり、参戦拒否・戦闘継続拒否の事例も続出しているが、軍部は戦闘拒否者を刑務所に送ると恫喝して、少数民族の抵抗を圧し潰そうとしている（参照、https://www.yomiuri.co.jp/world/20220813-OYT1T50176/）。武器をもたされた少数民族の不満分子が、銃口をウクライナ軍に対してではなく、ロシア軍上官に向け変え、ロシア軍から集団離脱して反プーチン勢力と連携し、反体制的軍事集団に転化する可能性は、さほど想像力を逞しくしなくても十分考えられる。

■ロシアの軍事的脆弱性とプーチンの執拗性

以上、二〇二二年二月のウクライナ侵攻開始から現在［初稿執筆時、二〇二三年五月下旬］までの情勢の推移を踏まえて、戦況分析を試みた。ここで、まとめよう。

ウクライナ軍は、二〇二二年一一月の南部主要都市ヘルソン奪還以降膠着していた戦況を打開するため、欧米から既に供与された高性能戦車・長射程ミサイルなどを駆使して近く大反攻を行うが、これによって失地回復を一定程度進められたとしても、直ちに、ロシア軍を全面撤退させるのは難しいことはウクライナ側も理解している。しかし、この夏までに予想される大反攻の成果がどうであれ、F-16戦闘機の大量供与とウクライナ軍パイロットの操縦訓練という戦闘機連合プロジェクトのような欧米の軍事支援強化は進められ、F-16が数多く実戦配備されるようになる二〇二四年以降、ウクライナの反撃はさらに拡大するだろう〔NATO諸国によるF-16供与が予定より遅れ、ウクライナの反攻の足を引っ張っていることについて、本書第二章一六六-一六七頁参照〕。

他方、ロシアは、ヘルソンからの撤退後、勢力挽回のためウクライナ攻撃を再拡大したが、既存の占領地域を固守する以上の成果を上げられないまま火力・兵力を著しく損耗させた。さらに、その軍事勢力の内紛・混乱が噴出し、それを収拾できないプーチンの指導力欠損も露呈した。ロシアの軍事的な内紛・混乱は今後も拡大する可能性がある。

ロシアはこのような軍事的脆弱性を孕むが、この侵略戦争の真の動機がプーチンの自己保身にある以上、彼は国民に誇れる戦果なしに停戦すると自己の権力喪失を招くリスクがあるから、そのような戦果が確保できるまでは侵略戦争を止めるわけにはいかない。そのような戦果なしにロシアがウクライナから撤兵することがあるとすれば、それは、「戦争をさらに続行すると民意が離反し、自己の権力がかえって危うくなる」とプーチンに自覚させるほど厭戦感・反戦感がロシア国民の間で昂揚・拡大した場合である。

三　対露宥和主義言説の欺瞞性・倒錯性・自壊性

(1)　戦争を止めようとしないのは誰なのか

■対露宥和主義言説の論理構造——AR論法

ウクライナ戦争は二〇二二年二月下旬に勃発してから既に、一年三カ月続いたが［初稿執筆時現在］、上記のような戦況の下で、本年［二〇二三年］中に終結することはまず望めない。少なくとも来年［二〇二四年］も続くだろう。ウクライナ侵攻をNATOの脅威に対するロシアの自衛戦略とみなしてロシアの責任を減免するNATO東進帰責論の虚偽性が暴露されたいま、改めて対露宥和主義を主張する人々は、戦争長期化がもたらす危害の大きさの方に論拠を移している。その主張の政治的実質は、既に見たヴァーゲンクネヒトらの言説が示すように、次のような論法をとる。「ロシアを宥和せよ（Appease Russia!）」というスローガンの英語の略称をとって、ＡＲ論法と呼ぼう。

①　この戦争を長期化させるのは戦争拡大につながり、ウクライナとロシア双方の戦禍を拡大させるだけでなく、欧州をも巻き込む第三次世界大戦にまで発展しかねない。

②　それを回避するために、ロシアに既存の占領地の保持を認めて、いま直ちに停戦に持ち込む妥協をウクライナにさせるべきだ。

③　ウクライナがこの妥協を拒否して抗戦を続けるのは、欧米がウクライナへの軍事支援を維持・増強しているからだ。欧米の軍事支援がなくなればウクライナはロシアの要求に譲歩して停戦せざるを得なくなる。

④　よって、この戦争の長期化・拡大の責任はウクライナ軍事支援を続け欧米にあるから、欧米はこの支援を止めるべきである。

ＡＲ論法は、「戦争を開始した責任」がロシアにあることを不問にし、あるいは棚上げし、「戦争を長期化させている責任」が、侵略されているウクライナの支援を続ける欧米（あるは日本も含めて「西側」）にあるとして、問題をすり替えようとしている。さらに進んで、米国がロシアを潰して自己の覇権を強化するために、ロシアをけしかけてウクライナ侵攻に走るという罠に嵌らせ、侵攻後はウクライナに膨大な援助を与えて米国の代理戦争を続行させているという類の、開戦当初から一部に流通していた米国陰謀説までこれに付加されることがある。この陰謀説は根拠薄弱で政治的推測としても的外れである（前著六七－七〇頁参照）し、AR論法を唱道する者すべてが支持しているわけでもないので、ここでは無視し、AR論法に絞って、その基本的な問題点を指摘したい。

■AR論法の根本的な倒錯と欺瞞

何よりもまず、この論法は、結論の命題④が示すように、ウクライナ戦争の長期化・拡大の責任を、侵略されたウクライナを支援する欧米に帰しているが、戦争を始めた責任だけでなく、戦争を長期化・拡大させている責任もまた侵略者たるロシアにあることを見ない、あるいは隠蔽しているという点で、根本的な倒錯ないし欺瞞を孕んでいる。

戦争が長期化するのは、ウクライナが抗戦を止めないからではなく、何よりも、ロシアが侵略を止めないからである。ロシアが侵略を続けるからこそ、ウクライナは抗戦を続けるのであり、その逆ではない。「ウクライナが抗戦を続けるから、ロシアが侵略を続ける」という逆の命題は、因果関係を逆転させた倒錯であるだけでなく、端的に偽である。ウクライナが抗戦を止めたからといって、ロシアが侵略を止める保証などない。それどころか、ロシアは、併合を一方的に主張するウクライナ東部・南部の四州（ドネツク州、ルハンスク州、ザポリージャ州、ヘルソン州）ですら完全制圧できていないいま、ウクライナが抗戦を止めたら、これ幸いとばかり、占領地拡大に向けて侵略を続行し、少なくとも第一段階として、東・南部四州の完全制圧、さらには第二段階として、ウクライナという国家自体の吸収（完全併合ないし傀儡国家化）という当初の侵攻目的の実現を目指すだろう。

第二段階が将来の課題にされたとしても、ロシアは東・南部四州を併合したと主張している以上、対外的な領土主権主張のためにも、また国内的アピールのためにも、第一段階実現を先送りするわけにはいかない。仮にウクライナが勢力図の現状凍結で妥協して停戦に合意し一旦戦闘休止したとしても、ロシアがその隙をついて、四州のウクライナ制圧地域に進軍し、その結果ウクライナ側も戦闘再開せざるを得なくなるのは火を見るより明らかである（もちろん、ロシアは停戦合意を破る際、お得意の「偽旗作戦」により、「ウクライナ軍による停戦合意違反の先制攻撃」を捏造するはずである)。AR論法の命題②はウクライナが現状凍結の妥協をすれば、停戦を実現できると標榜しているが、これは、ウクライナの抗戦意志ではなくロシアの侵略意志こそが戦争開始のみならず戦争継続の原因であるという根本的事実を見ない倒錯、あるいは見て見ないふりをする欺瞞である。

さらに言えば、ウクライナには到底呑めない条件だが、仮に、現状凍結を越えて、東・南部四州全部の放棄までウクライナに譲歩させるような停戦協定ができたとしても、ロシアがそれを遵守することは期待できない。この場合、第一段階目的を果たしたロシアはしばらく休戦するだろう。しかし、既に露見したようにロシアの侵攻目的がウクライナの緩衝国家化ではなく吸収にある以上、この休戦期間は、ロシアにとって第二段階に向けて経済力・軍事力を立て直すのに必要な「休養」期間である。十分「休養」してロシアの軍事的・経済的体力を回復させた後、プーチンが、昨年侵攻開始当初に試みて無様に失敗し面目を失わされたキーウ陥落作戦を「今度こそは」とやり直し、雪辱を果たそうとするのは当然予想できることである。

ロシアは、一九九四年のブダペスト覚書により、ウクライナが保有した旧ソ連核兵器をロシアに移管する代わりにウクライナの主権と領土を尊重することを約束した。しかし、二〇一四年、この合意を昂然と破棄して、クリミアを併合し、ドンバス地域にも軍事介入して内戦化させた。さらに二〇二二年、今般のウクライナ侵攻で真っ先に首都キーウ陥落を試み、それが失敗するとひとまず東・南部四州を併合しておこうと試みている。ロシアのこの「段階的侵略過程史」を踏まえるなら、領土の一部をロシアに割譲する譲歩をウクライナにさせれば、ロシアは満足して平和が訪れるだろうなどと期待するのは、おめでたい願望思考でしかない。少なくともウクライナ国民は、こんな願望思考に基づく抗戦放棄要求を受け入れるほど愚かではない。

(2)　戦争を拡大させるのは誰なのか

■ウクライナに課された二つの限界線――専守防衛ラインと不参戦ライン

ロシアの侵略意志こそが戦争の開始だけでなく、その継続の原因であることを見ないというAR論法の根本的欠陥は、戦争の長期化が第三次世界大戦へのエスカレーションを招くリスクがあるとする命題①にも表れている。どういうことか、説明しよう。

欧米諸国はウクライナへの軍事支援を段階的に増強してきたが、戦争の過度のエスカレーションを回避するために、これだけは越えてはならないという、二つの限界線を引いている。一つは、ウクライナにロシア本土攻撃はさせないという一線であり、もう一つは、欧米諸国は武器支援・作戦情報支援・兵士訓練支援はしても直接参戦はしないという線である。前者を「専守防衛ライン」、後者を「不参戦ライン」と呼ぼう。

専守防衛ラインは国際的にロシア固有領土と認められる領域への攻撃の自制を求めるものであって、ロシアが一方的に併合を宣言しただけでウクライナが自国領土であると主張し、国際的にもロシアの領有が一般的承認をいまだ得ていない領域は対象外である。したがって、今般の侵攻でロシアが占領し併合を宣言したウクライナ東・南部地域へのウクライナ軍の攻撃が認められているのはもちろんだが、二〇一四年にロシアが併合宣言したクリミアへのウクライナの攻撃、例えばクリミア大橋（ケルチ海峡大橋）爆破やクリミア内ロシア基地攻撃も容認されている。ウクライナ国境に隣接したロシア領内への攻撃やモスクワとその周辺地域へのドローン攻撃も散発しているが、ウクライナはこれには関与を否定している。

欧米は、戦車や戦闘機などこれまでウクライナへの供与を自制してきた高性能武器の供与に踏み切ったが、ウクライナにはこれらの武器をロシア本土攻撃に使わないよう要請すると同時に、ロシア本土攻撃に実効的に使えるレベル以下に供与武器の性能を限定することに意を用いている（本章注3参照）。ロシアがウクライナ本土全域に対し、地上と空から激しく放縦に攻撃を加え、民間人無差別虐殺や民間施設無差別破壊をしているのに対し、ウクライナはロシア本土への「敵地攻撃」は自制し(7)、専守防衛に徹するというきわめて不利な非対称的な仕方で戦うことを強いられている。欧米がウクライナ軍事支援を増強しているといっても、この専守防衛ラインの枠内で行われている。本格的なロシア本土攻撃を実行すると欧米が軍事支援の手を引く恐れがあることをウクライナは知っているから、専守防衛ラインはウクライナにとっても、越えたくても越えられない、少なくとも大きくは越えられない一線である［二〇二四年一一月に、専守防衛ラインの制約は重要な仕方で緩和された。これに関し、本章の追記Ⅱを参照されたい］。

■第三次世界大戦突入の決定権と責任はロシアと欧米にある

たしかに、欧米のウクライナ軍事支援強化は、専守防衛ラインの枠内にとどまったとしても［ましてや、その枠を越えてなされた場合には］、ロシアを反発させ、ウクライナ攻撃を激化させるだろう。しかし、ここで、認識されるべきは、次の根本的な点である。

ウクライナ戦争がいかにロシアとウクライナの間で激化しようと、それだけでは第三次世界大戦にはならない。この戦争が第三次世界大戦に拡大するのは、欧米が不参戦ラインを越えて直接参戦した場合である。不参戦ラインを越えるか否かを決定するのは欧米諸国であって、ウクライナではない。欧米が不参戦ラインを引いたのは、ウクライナを救済するために軍事的・経済的な支援はするが、自ら戦禍を負うというコストまでは払わないという意思表示をしたことを意味するから、単にロシアがウクライナ攻撃を激化させたというだけで、欧米諸国が直接参戦するとは考えられない。

欧米が直接参戦するのはロシアの軍事攻撃が自らに及んだときである。例えば、ロシアが欧米の軍事支援増強で向上したウクライナの防衛能力を殺ぐために、NATO加盟国でウクライナへの主な武器供給ルートになっているポーランドを攻撃し、その結果、他のNATO加盟諸国も集団的自衛権を発動して参戦するということは一つの可能性として考えられる。しかし、NATOを相手に戦って勝てる能力をロシアはもたない——通常兵力でNATOはロシアを質量ともに大きく上回るし、核兵器使用は「相互確証破壊(MAD)」メカニズムによりロシア自体の破滅も意味するからロシア勝利の手段になり得ない[8]——から、ロシアが欧米に攻撃を拡大する可能性はきわめて小さい。仮にこの極小の可能性が現実化するとしたら、その原因は、欧米の支援が常に不足がち、遅れがちであるにもかかわらず軍事大国の侵略に対して多大の犠牲を払いつつも勇敢に続けられるウクライナの対露抗戦ではなく、NATO相手の戦争でも勝てるという妄想に駆られてNATO加盟国に攻撃対象を拡大しようとするロシアの侵略意志の暴走である。ロシアの侵略意志がここまで暴走しないなら、AR論法の命題①は成り立たない。

ロシアの侵略意志をここまで暴走させないためには、NATO相手の戦争でも勝てるという妄想をプーチンに抱かせないことが必要である。そのためにこそ、欧米諸国はロシアのウクライナ侵攻は絶対に許さないという姿勢でNATOの結束を強化し、「我々は不参戦ラインという自制の枠内で、ロシアに今般の侵攻でウクライナから新たな領土を奪わせないために必要なウクライナ軍事支援を断固として続ける。しかし、ロシアが我々のこの自制されつつも揺るぎないウクライナ軍事支援に対抗して、我々の同盟国に対する攻撃に及ぶ場合は、不参戦ラインを越えたNATOの集団的自衛権発動という重大な帰結を招くことを覚悟せよ」という明確なメッセージをプーチンに発信し続けなければならない。

プーチンによるウクライナ侵攻への宥和主義的対応が、プーチンの侵略意志を宥めるどころか増長させ、戦争をかえって拡大するという自壊的帰結をもつことを理解する上で、チェコスロバキアのズデーテン地方の割譲をヒトラーに認めた一九三八年ミュンヘン会談におけるナチスドイツ宥和策が、当時多くの「平和主義者」たちに歓迎されたが、結局ヒトラーを増長させ第二次世界大戦の呼び水となったという歴史的先例を想起するのは重要である。しかし、いま欧米が結束してプーチンの侵略に対し自制された断固たる対応を続ける必要があることを自覚するには、この遠い先例を持ち出すまでもなく、近過去におけるプーチン自身の軍事的攻勢に対するNATO・欧米の対応の失敗を想起するだけでよい。

二〇〇八年南オセチア紛争や二〇一四年クリミア併合におけるロシアの拡張主義的な軍事的攻勢に対し、NATO・欧米諸国は軍事的には非介入姿勢をとると同時に、欧州と米国の対立でNATOが分裂し弱体化したとロシアに思わせた。このことが、今般のウクライナ侵攻という無謀な侵略を簡単に成功させられるとプーチンが妄想して実行するのを促した要因の一つである（前著五〇－五五頁参照）。欧米、そして国際社会はこの失敗から学習し、同じ愚を犯さないことが肝要である。

(3) ウクライナはゲームの駒ではなくプレイヤーである

■欧米の見くびりを覆したウクライナ

ＡＲ論法の根本的欠陥は以上に述べた通り、ウクライナ戦争の長期化・拡大の原因と責任を侵略者たるロシアにではなくウクライナ支援をする欧米に帰する倒錯・欺瞞にあるが、抗戦を続けるウクライナに対する軽視・偏見という問題も孕む。この点は命題③に表れている。ウクライナがロシアの侵略に対し抗戦するのは欧米の軍事支援があるからで、それがなくなればウクライナはロシアに直ちに屈従するはずだとみなされている。

この見方によれば、ウクライナの抗戦意志は欧米の軍事支援に寄生したものでしかなく、この戦争は米国の陰謀によるものではないとしても、結果的に、戦争の実質は欧米、特に最大のウクライナ支援者である米国とロシアとの勢力抗争に化しており、ウクライナは米露の地政学的チェスゲームにおいて駒として使われているにすぎない。したがって、このゲームをいかに終えるか、すなわち、いかに停戦交渉を進めるかの決定は、ゲームの真のプレイヤーである欧米（特に米国）が決めるべきであって、駒にすぎないウクライナの意志は重要ではないということになる。欧米は軍事支援を打ち切ることにより、ウクライナにその意志に反するロシアの領土割譲要求を呑ませて、直ちに停戦を実現すべきだという命題④の結論がそこから引き出される。

しかし、二〇一四年のロシアによるクリミア併合・ドンバス軍事介入の際、軍事的非介入の姿勢をとった欧米が、なぜ今般のウクライナ侵攻において、対露経済制裁のみならず軍事的にも強力なウクライナ支援をするに至ったのかを理解するなら、このウクライナ観が倒錯しているのが明らかになる。欧米が支援してくれたから、ウクライナは抗戦意志をもったのではない。逆である。ウクライナが自ら巨大な犠牲を払ってでもロシアの侵略に抗戦する強固な意志を示し続けたからこそ、欧米はウクライナ支援を開始し、強化し続けたのである。

二〇二二年二月二四日、ロシアがウクライナ侵攻を開始したとき、欧州諸国だけでなく、ロシアが侵攻するという警鐘をかねてから鳴らしていた米国も、プーチンが想定していたのと同様、キーウはすぐに陥落しウクライナは簡単に制圧されるだろうと見ていた。だからこそ、侵攻直後にバイデン米国大統領はゼレンスキー大統領に国外逃亡の手配を申し出たのである。しかし、周知のように、ゼレンスキーはバイデンに「必要なのは（逃亡用）の乗り物ではなく弾薬だ（I need ammunition, not a ride）」と述べ、国内にとどまってロシアに断固抗戦する意志を示した。ＥＵ諸国首脳とのオンライン会談でも、ゼレンスキーは「あなた方が、私が生きているのを見るのはこれが最後かもしれない（This might be the last time you see me alive）」と述べ、生命を賭して国民と共にロシアと戦う決意を表明した。

「国民と共に」とは字義通りの意味である。老人・女性・子供は国外避難が許されたが、六〇歳までの成人男子の国外退去は禁じられ、国民総動員で抗戦する軍事体制が組まれ、国民の圧倒的多数もそれを支持した。女性たちの中にも、志願兵として武器をとる者が少なからずいた。圧倒的に優位とみなされていたロシア軍に対して、ウクライナ兵はきわめて高い士気と機動性を発揮して勇敢かつ強靱に戦った。

ウクライナがロシアの急襲で当初混乱しながらも、このようにしたたかに抗戦できたのは、二〇一四年にクリミア併合を簡単に許してしまったことへの反省から、ロシアに対する自国の安全保障強化のために、軍事体制改革と国民の意識向上に努めていたことも背景にある。「二〇一四年のクリミア併合のときと同様、どうせすぐにウクライナはロシアに降参するだろうから、武器支援をあまりやっても無駄だ」と高をくくっていた欧米諸国が、本気でウクライナ支援に乗り出したのは、ウクライナの指導者・国民が一体となってこのように強い抗戦意志を示し、それを実行するのを見たからである（前著二三六－二四二頁参照）。

■ウクライナの抗戦を後追いする欧米の支援

しかも、欧米の武器支援は一挙に強化されたわけではない。①スティンガー、ジャヴェリンなどの短射程軽火器供与にとどまる段階、②長射程ロケット砲のハイマースを供与する段階、③パトリオットのような高性能迎撃ミサイルシステムを供与する段階、④戦車供与に踏み切った段階、⑤戦闘機供与・パイロット操縦訓練を決定した段階など、侵攻開始後［から初稿執筆時までの」一五カ月間の間、時間をかけて漸進的に武器支援は強化されてきた。武器支援強化がロシアの反発を高めることを恐れる欧米諸国の間では、ある段階から次の段階にギア・アップする際には常に逡巡と論争があり、その決断は決して円滑になされたわけではない。

それにもかかわらず、ウクライナは一貫して果敢に抗戦を続けてきた。欧米が射程の短い軽火器以上の武器支援をためらっている間に、ロシアがウクライナ東・南部に猛攻をしかけ占領地を拡大したときも、ウクライナは多数の兵士・民間人の犠牲を出しながらも勇敢に戦い続けた。欧米が高性能迎撃ミサイルシステムを十分に供与する前に、ロシアが首都キーウを含むウクライナ全土に大規模なミサイル攻撃を加えて民間人を無差別殺戮し、発電所をふくむ都市インフラを破壊し続けた間も、屈することなく戦い続けてきた。欧米が武器支援を強化し続けたから、ウクライナは抗戦を続けたのではなく、逆に、欧米の武器支援強化の逡巡・停滞にも拘らず、ウクライナが不屈の抗戦を続けたからこそ、それを見て欧米は武器支援レベルを段階的に引き上げてきたのである。

このような経緯を見るなら、仮に欧米がウクライナへの武器の追加供給をこの時点で停止したとしても、それでウクライナが抗戦をすぐ止めるなどと想定するのはまったく的外れである。ウクライナには強い抗戦意志だけでなく、抗戦続行能力もある。旧ソ連時代の軍需産業の四割がウクライナに集中していたため、ウクライナは元々軍事産業がさかんで、中国にも武器・軍事技術の輸出や軍事技術者派遣をしてきたほどだし、これまで欧米から得た軍事支援により新たな軍事技術も学習している。欧米からの武器弾薬の追加供給がなくなったとしても、自前の武器生産力を高め、補塡を図るだろう。兵力においても総動員体制をとるウクライナは、国民の反発を恐れて動員令を部分的・散発的にしか出せないロシアに量的に劣らないだけでなく、兵士の士気の高さ・訓練度の高さにおいて質的に優っている。

他方ロシアは、士気・訓練度・動員抵抗など兵力に関わる問題に加えて、軍事資源の損耗、プーチンの恣意的介入による指揮命令系統の混乱、軍事勢力間の内紛など多くの問題を抱えている。欧米がウクライナへの武器追加供給を停止すれば、ロシア軍はいまより優勢になるかもしれないが、ウクライナを即刻簡単に叩き潰せるなどと想定するのは非現実的である。欧米が武器支援を止めても、ウクライナは抗戦し続け、この戦争は長期化するだろう［本書第三章二一三頁でも触れるように、キーウ陥落後もロシア傀儡政権と反ロシア派ウクライナ勢力との内戦が続く可能性も、戦争長期化シナリオに含まれる］。

■ウクライナなくしてウクライナについての決定なし

はっきりさせよう。この戦争は、欧米がウクライナを駒に使ってロシアに仕向けている代理戦争などではない。この戦争は、ロシアがウクライナを侵略し、それに対してウクライナ国民が同胞の生命と国土を守るために必死に抗戦しているロシアとウクライナの戦争である。戦争をゲームの比喩で語るのは不謹慎に聞こえるかもしれないが、ウクライナを蔑視する「駒」という比喩に対抗して言えば、欧米ではなく、ウクライナこそが、この戦争をロシアと戦うプレイヤーである。欧米はウクライナに抗戦を続けさせるか否かを決する「陰のプレイヤー」などではなく、ウクライナの抗戦意志に従って支援するサポーターにすぎない。ロシアとの抗戦を、ロシア軍を国土から追い出すまで続けるか、その手前で止めるか、どのくらい手前で止めるか、それを決し得るのはウクライナのみである。

ウクライナ戦争の停戦交渉に関して、欧米諸国もたびたび強調してきた鉄則は、「ウクライナに関するいかなる決定もウクライナを外してはなされない（Nothing about Ukraine without Ukraine）」という標語で表現されてきた。これは、チェコスロバキアを蚊帳の外に置いて、その領地であるズデーテン地方をドイツに割譲することを英・仏・伊がヒトラーに認めた一九三八年のミュンヘン会談の対独宥和策の失敗という歴史的教訓を踏まえたものであるが、ウクライナに対する欧米の「おためごかし」のリップサービスなどではない。実際にウクライナを無視した停戦実現など不可能であることを示してきたウクライナの強い抗戦意志と抗戦能力に対する欧米諸国の認識と敬意を表現するものである。

四　ハーバーマスの「交渉請願」――哲学者の政治的「迷言」

(1)　曰く、「ウクライナを負けさせるな、しかし、ロシアに勝とうとするな」

■ドイツ思想界長老の頓珍漢な御託宣

前節では、ウクライナ戦長期化の動向により再浮上している対露宥和主義言説の欠陥をAR論法に焦点を当てて明らかにした。欧米諸国の中でも、この種の言説の再浮上が特に目立つのはドイツである。ドイツは、ロシアとの経済関係がきわめて密接で、対露経済制裁強化・ウクライナ軍事支援強化への「逡巡」が当初から強かった。しかし、ドイツでもこの種の言説は主流にはなってはいない。本章第一節(2)で、この言説を再浮上させる政治運動の組織者として左翼党のヴァーゲンクネヒトとフェミニストのシュヴァルツァーの名を挙げたが、前者は左翼党を脱退し、排外主義傾向を強め、後者も巨額脱税という「脛の傷」をもつだけでなくイスラム嫌忌に傾斜しており（後述の三島憲一「解説」参照）、ドイツのリベラル派や左派勢力の広範な支持を得ているわけではない。彼らが、ウクライナ支援に積極的な「緑の党（Die Grünen）」を攻撃し、自ら組織した政治集会に極右排外主義政党ＡｆＤを参加させたことも、ドイツの中道・左派勢力の間で彼らの運動に対する不信を広める要因になっている。

この状況の中で、九三歳のいまも［初稿執筆時現在］弁舌を揮うドイツ左翼思想界の長老ユルゲン・ハーバーマスが、ロシアとの妥協による停戦促進論を唱道し、ヴァーゲンクネヒトとシュヴァルツァーらの運動に批判的距離を置いている人々からも注目されている。しかし、彼の主張は上記の対露宥和主義者たちの言説よりましというより、むしろもっと混乱したものである。こんな発言が、発言者が著名な知識人だということで持ち上げられて、ウクライナ支援バッシングに利用されるのは許し難いので、ここでその迷妄ぶりを指摘しておきたい。

ハーバーマスは二〇二三年二月一五日付けの『南ドイツ新聞（Süddeutcshe Zeitung）』に論説「交渉請願（Ein Plädoyer für Verhandlungen）」を寄稿した（全訳として、参照、ハーバーマス「交渉の勧め」三島憲一訳、『世界』二〇二三年五月号、一四六－一五三頁所収。以下の引用はこの訳文による。なお訳者の三島憲一は訳文に付した彼の「解説」（同誌一五四頁）で、ヴァーゲンクネヒトとシュヴァルツァーらを警戒しつつ、ハーバーマスを重視する姿勢を示している）。そこでハーバーマスは、「『ウクライナが負けるわけにはいかない！』というテーゼが正しい」（一四七頁上段）としつつも、「我々が武器を供与している目的は、ウクライナが『負けるわけにはいかない』からなのか、それともむしろロシアに対する勝利こそ目標なのか」が曖昧になっていることが危険だとし（一四九頁上段）、「我々はそれ相当の理由から軍事援助をしているには違いないが、援助のタガが外れて、プーチンに対する勝利だけが目標となり、そのために防衛的性格をかなぐり捨ててもいいというのだろうか。……絶対に勝つという望みのゆえに、西側の武器供給の質が上がり……その結果として、あまり気づかないうちに第三次世界大戦への敷居を踏み越えざるを得なくなる」と警鐘を鳴らす（一四九頁上段－下段）。

そして、「ウクライナがそもそもいつまで持ちこたえられるかは西側の援助次第でもある」とし、「西側の諸政府は自分たちの軍事支援によって可能となった戦争の長期化がもたらす残酷な結果に対する責任をウクライナ政府に押し付けるわけにはいかない」から、「交渉を始めるとすれば、その時期や目標についてはウクライナ政府だけが決定することだと倦むことなく公言している」のは間違いで、「我々自身が……交渉のイニシアチブをとる必要性がある」とする（一四八頁上段）。その上で、戦禍が日々増大するいま、「バイデン政権にとっても時間はどんどん迫っている。こう考えただけでも、交渉を始め、妥協案を模索してはどうかと強く試みるべきではないか、ということになろう。もちろん、この妥協案は、戦争が始まる前の事態を越えた領土獲得をロシア側に認めることはありえないが、それでもロシア側が面子を保てるようなものとなる必要があろう」と結論している（一五二頁下段‐一五三頁上段、傍点は井上）。

ハーバーマスのこの発言を、「慎重かつ賢明」と受け止める向きもあるようだが、私から見れば、彼の御託宣は、この戦争の真因も、これまでの経緯も、現在の問題状況もろくに理解していない者による的外れな発言、しかも、発言者がその的外れぶりを分かっておらず、自分ではなにか賢いことを言っているつもりで発している迷言である。人気者の御笑いタレントの名文句を真似て、「ちょっと何言っているのか、分かんないんですけど」と突っ込みたくなる類の「訳の分からない」主張である。ハーバーマスの発言が「訳の分からない」ものになっているのは、既に批判したような間違いだらけの対露宥和主義的言説を続けた後で、最後に、対露強硬姿勢を示す主張に一挙に飛んでおり、しかも本人はその対露強硬姿勢の主張を宥和主義的姿勢のつもりで唱えているからである。

■対露宥和主義言説に輪をかけた迷妄――妥協にならない「妥協案」

彼はまず、ウクライナが抗戦を続けられるのは西側の武器支援のおかげで、戦争の長期化の責任は武器支援を続ける西側にあるとし、このまま武器支援増強が続くと第三次世界大戦につながる危険性があるから、しかもその危険性が切迫しているから、ロシアとの停戦交渉をウクライナに委ねず、西側諸政府、特に米国が早急に交渉のイニシアチブをとり、ロシアとの妥協による停戦を推進すべきだとしている。ここまでは、対露宥和主義言説と基本的に同じである。戦争の長期化と世界大戦への拡大リスクの原因・責任が、ロシア（プーチン）の侵略意志にあり、この侵略意志は西側の武器支援の停止ないし縮減によって宥和されるどころか増長するだけであることが見えておらず、さらにウクライナをロシアと欧米との抗争ゲームの駒とみなし、抗戦主体（ゲームのプレイヤー）たるウクライナの政治的・軍事的な意志と能力を無視・蔑視しているという、AR論法について指摘した欠陥をハーバーマスの発言も露呈している。

しかし、もっと呆れる点は、最後に彼がロシアとの交渉の「妥協案」の中身に触れる段になって、この妥協案は、開戦前以上の領土的利益をロシア側に与えず、しかもロシア（プーチン）の面子を保てるような案でなくてはならず、そのような案を模索せよと主張していることである。「ハーバーマス君、そんな案があったら誰も苦労しないよ」と、戦争の現実を少しでも理解している者ならぼやくだろう。ロシアにとっては、開戦前以上の領土的利益を手放すこと、すなわち、今般の侵攻によるウクライナ東部・南部の占領地をすべて放棄して、侵攻前の「原状（*status quo ante*）」に戻ることは全面的譲歩に等しく、とてもロシア（プーチン）の面子を保てるような案ではない。

今般のウクライナ侵攻では、ロシア側も死傷者数二〇万人ともいわれる兵士の犠牲［初稿執筆時の推定、二〇二四年末の推定では約六〇万人］をはじめとして、巨大な軍事的・経済的コストを払っており、それにも拘わらず新規占領地という侵攻利得をすべて放棄して、ロシア軍をウクライナから「手ぶらで」撤退させることは、ロシアがこの戦争における敗北を認めたことになる。プーチンの面子が保てないどころか、「何も得ることなく巨大な損失だけ被る愚かな戦争をした」としてロシア国内におけるプーチン批判も高まり、自己保身のためにこの戦争を始めたプーチンにとって到底受け入れられる案ではない。

ハーバーマスは「ウクライナを負けさせないこと」と「ロシアに勝利すること」を区別せよと主張するが、これはただの言葉遊びである。「ウクライナを負けさせないこと」が侵攻前の原状回復なら、それは「ロシアを負けさせること」、すなわち「ロシアに勝利すること」に他ならない。これは対露宥和策などではなく対露強硬策であり、こんな提案を停戦条件として西側諸政府がロシアに提示したら、ロシアは交渉のテーブルをすぐに蹴とばすだろう。対露宥和主義者はそれが分かっているから、侵攻前の「原状（*status quo ante*）」ではなく、侵攻後のロシアの占領地の「現状（*status quo*）」をロシアに確保させるような譲歩をウクライナに迫るために、西側に武器支援の維持強化を止めるよう主張しているのである。

(2)　対露内政不干渉とクリミア問題棚上げは停戦の交換条件にならない

■対露停戦交渉の政治力学に対する無知の露呈

なお、ハーバーマスは、「西側同盟の誤りというのは、自分たちの軍事支援の目的がどこにあるかをロシアに対して、初めから意図的にはっきりさせておかなかったことである。なぜならばそのことで、プーチンにとって受け入れがたい体制転換（regime change）をめざすかどうかを未決定のままにしておいたからである。それに対して、二〇二二年二月二三日以前の状態（*status quo ante*）への復帰を目標として明確に唱えていたならば、のちの交渉への道を開くきっかけになったかもしれないのだ」と述べている（一五二頁下段）。ここから判断すると、西側がプーチン体制打倒を狙う内政干渉をしないことや、二〇二二年二月の侵攻前の原状を越えて二〇一四年のクリミア併合前の原状までの復帰は求めないことが、ロシアに対する西側の譲歩になり、この譲歩でロシアとの妥協が成立しうると見ているようである。

しかし、これまた、ロシアを相手にした停戦交渉の政治力学をまったく理解できていない者の幼稚な、しかも危険な妄想である。まず、ロシアのような核保有軍事大国の政権転覆を図る内政干渉は、それこそ核戦争・世界大戦のリスクを冒さずにはできないことで、西側がウクライナ戦争停戦のための交渉材料にできる筋合いのものではない。［ここで言う内政干渉は、ロシアの体制転換を図る軍事介入のことであり、プーチンに抗議する民主派勢力へのロシア政府の弾圧に対する西側諸国の批判は、ロシア政府がこれを「内政干渉」と呼ぶとしても、それはここで言う内政干渉には含まれない。ハーバーマスも、このようなロシア政府への批判的言説の自制まで西側諸国に求めてはいないはずである。］これを交渉材料にするのは、停戦に応じなければ欧米による内政干渉ありうべしという恫喝をロシアにすることになり、かえってロシアを怒らせるだろう。

同様に、クリミア問題棚上げも西側は交渉材料にできない。二〇一四年に併合したクリミアはロシアにとって過去に確保した既得権益である。クリミア併合に軍事的非介入の姿勢をとってきた西側が、クリミア問題に介入しないと、いままた言ったからといって、今般のウクライナ侵攻でロシアが払ったコストに見合うだけの新たな追加利益にはならない。ウクライナがクリミアの放棄を承認するなら、ロシアは国際法上も合法的なクリミア領有権を確保できるから、これはロシアにとって重要な侵攻利益になるが、西側がこの承認をウクライナの意に反してロシアに与えることはできない。しかも、西側がクリミアを交渉材料にするなら、今般の侵攻の停戦に応じなければ、ウクライナに新規占領地だけでなくクリミアまで奪還させるぞという恫喝をロシアにすることになり、ロシアの態度をかえって硬化させるだろう。

以上の点が示すように、内政不干渉・クリミア問題棚上げを「交換条件」にして、今般の侵攻による新たな領土的利益の全面放棄を迫る「交渉」を西側がロシアに試みたとしたら、ロシアは西側に対し「これは交渉などではない、我々に対する脅迫だ」と反発し、停戦交渉が決裂するだけでなく、西側の脅迫に対抗するために軍事的攻撃をかえって強化してくるのは当然予想される帰結である。

■「進歩的知識人」の「八方美人」性

要するに、ハーバーマスが要求するような対露強硬策を貫く西側の「妥協案」と称するものによりロシアを宥和する「交渉」を成立させることなど、そもそも不可能なのである。停戦交渉の政治力学からすれば当然と言うべきこの点が彼に分からないのは、彼がこの戦争の現実をまともに理解できていないことが第一の原因であるが、副次的原因として、「進歩的知識人」とみなされる者にありがちな「八方美人」性があるように疑われる。

彼は一方で、ロシアの侵略を断罪しウクライナの抗戦を正当とする人々に与するために、「ウクライナを負けさせるわけにはいかない」というテーゼを擁護し、侵攻による新たな領土利益の全面放棄をロシアに要求する。しかし、他方で、ロシアに妥協してでも早期に停戦し戦争の拡大を防ぐべきだと主張する人々にも同調するために、「ロシアに対する勝利を求めて戦争を拡大するな」というテーゼを擁護し、西側諸政府がウクライナに代わって交渉のイニシアチブをとり、ロシアの面子を保つような妥協のための停戦交渉を直ちに推進することとを要求する。

この二つの要求は両立不可能で、彼が提示する妥協案は二つの要求の矛盾を解消できていないどころか、糊塗することもできていない。ハーバーマスがそんな矛盾などお構いなしに、こんな無理筋の「交渉請願」を唱えて平然としていられるのがなぜなのか、理解に苦しむ。「現実が分かっていない」のはその通りだが、老いたりとはいえ彼ほどの知性をもつ者なら、少し考えれば分かるはずの現実をなぜ分かろうとしないのか。彼にとって、ロシアの侵略の不正を匡せるような戦争終結の現実的方途を真剣に考えて提示し、己れの旗幟を鮮明にすることよりも、「侵略を許すな」という人々にも、「停戦交渉を急げ」と主張する人々にも気に入られるようなポーズをとることの方が重要だからではないか。そう思いたくなるが、これは穿ち過ぎだろうか。

(3)　ウクライナこそが、まともな停戦交渉の意志と能力をもつ

■戦争の回避と終結に向けたウクライナの交渉努力と自制に対する無視

もう一点、ハーバーマスの発言が孕む重要な問題を指摘したい。彼は、ロシアとの交渉のイニシアチブをウクライナに委ねず西側諸政府がとれと主張しているが、これはウクライナを「ゲームの駒」扱いするという既述の問題点に加えて、「ウクライナには冷静な停戦交渉ができない」という誤った前提に立つという問題を孕んでいる。この前提はウクライナがこれまで行ってきた戦争終結に向けての交渉努力に対する全くの無知・無理解を露呈している

点で、ウクライナに対してきわめて無礼である［ハーバーマスのこの無礼な態度の背景には、ウクライナを未成熟な民族とみなす彼のウクライナ蔑視もあると思われるが、これについては、本章追記Ⅲを参照されたい］。

この戦争で最大の被害を受けているのは、ウクライナ支援コストを負っている欧米ではなく、日々延々と続くロシアの攻撃で、兵士・民間人を問わず多数の国民を殺傷され、都市を破壊され、穀倉の農地を荒らされているウクライナである。戦争の早期終結への願望は、欧米の「進歩的知識人」などよりウクライナの国民や政治家の方がはるかに強く、切実である。ウクライナ政府は、侵攻前は侵攻を回避するため、侵攻後は早期停戦のために、ロシアとの交渉においてウクライナにとっては重大な犠牲を伴う譲歩をして平和の維持・回復を目指した。

ロシアが侵攻の口実とするウクライナの中立化について、侵攻開始時点で、ウクライナがNATO加盟を断念する暫定合意がロシアとの間に出来ていたにも拘わらず、プーチンがこれを拒否して侵攻したこと、その後も、ウクライナは中立化（NATO非加盟）を受け入れることを条件に停戦を求める交渉をしたが、ロシアはこれを撥ねつけてウクライナ侵略を続行したことは既に触れた。クリミア問題についても、ウクライナはクリミアが自国領であるという主張は放棄していないが、侵攻の停戦条件としては、二〇一四年のクリミア併合前の原状ではなく、今般の侵攻前の原状の回復のみを要求し、クリミア問題については停戦実現後の政治的交渉の課題とするという二段階方式を提案していたのである（前著二五頁注3参照）。

ウクライナとして受容可能な最大限の譲歩をした停戦交渉をロシアが突っぱねて侵略を続けているいま、ウクライナは徹底抗戦の構えをとっている。しかし、その場合でも、ウクライナ全土に対しロシアが空襲を加え、民間人を無差別に殺傷し、民間施設・都市インフラを放縦に破壊してきたにも拘らず、ウクライナはロシア本土を敵地攻撃しないという専守防衛ラインを原則的に遵守してきた。ウクライナがロシアへの報復感情から冷静な停戦交渉などできないほど好戦的になっているとしたら、これほどの自制心をもてるはずがない。

最近、モスクワへのドローン攻撃が散発的になされているが、ウクライナは関与を否定しているし、仮にウクライナによる攻撃だとしても、本章注7でも述べているように、ロシアが首都キーウに対し連日続けている大量のミサイルやドローンによる攻撃と比べたら物の数ではなく、象徴的報復と言える程度のものである［これは初稿執筆時の状況であり、その後、専守防衛ラインが緩和されたが、これについては、本章追記Ⅱ参照］。欧米諸国の政府と国民に、そしてハーバーマスのようなお気楽な知識人たちにここで問いたい。欧米諸国が、たとえばドイツが、いまウクライナがロシアから受けているような侵略を自ら受けたとしたら、個別的自衛権のみならず、NATOの集団的自衛権を行使して、ただちに、侵略国に対し激しい敵地攻撃で反撃するのではないか。諸君は、ウクライナがロシアの野蛮な侵略に対して保持し続けてきた専守防衛の自制心を示せるのか？

■抗戦と政治的交渉の二項対立図式の誤り

さらに言えば、ウクライナの徹底抗戦を停戦交渉と対立するもの、両立不可能なものとみなす見解［ハーバーマスが前提している一般的通念］は、戦争と政治的交渉との関係についてあまりに素朴な謬見である。クラウゼヴィッツの戦争論は戦争を放縦化するものと誤解されることがあるが、本稿題辞に掲げた「戦争は他の手段をもってする政治的交渉の遂行である」という彼の基本命題は、戦争を外交と並んで国家が使う政治的交渉のカードとみなして、国家の政治的利益の合理的追求という醒めた政治的プラグマティズムと結合させ、積極的正戦論（聖戦論）が孕む宗教的・イデオロギー的狂熱から戦争を切離することにより、戦争の放縦化を抑制するという意味を有している。(9)

この戦争観によれば、戦争は政治的交渉を排除するものというより、国家が政治的交渉のバーゲニング・ポジションを自己に有利にするために必要とみなした時、必要な限りで遂行されるものである。もう一つの本稿題辞として掲げたウクライナ外相［当時］ドゥミトリ・クレーバの言葉は、彼がこの点をよく理解していることを示している。彼が実に明快に指摘しているように、ロシアは戦場で大敗北を喫した場合にしか、ウクライナとの間で持続可能な平和を実現するための停戦交渉にまともに応じようとしないから、ウクライナはそのような平和交渉を可能にするためにこそ、徹底抗戦しているのである。

五　戦争終結への道

(1)　ロシアに褒美を与えない戦争の終わらせ方

■プーチンの最後の制止者はロシア国民である

この戦争は終わらせなければならない。しかし、単に終わらせればいいのではない。侵略者であるロシアに褒美を与えない仕方で、「侵略はペイしない」ことを世界に証示する仕方で終わらせなければならない。それは、この侵略の不正を匡し、正義を実現するためだけではなく、持続可能な平和を実現するためである。侵略はペイすると分かれば、次なる侵略へのインセンティヴをロシア、またはその模倣者に与えることになり、世界は戦乱に見舞われ続けるだろう。

ロシアが休戦で「休養」し、軍事的・経済的体力を回復した後、更なるペイを求めて軍事的冒険を再開する危険性があるだけではない。この戦争の行方を誰よりも注意深く見守っているのは中国である。中国にとって、ウクライナ戦争の帰趨は、将来ありうべき自らの「台湾侵攻」の成算・得失を測定するための実物実験である。中国に「馬鹿な真似をするのはやめたほうがいい」ことを学習させるためにも、ウクライナ戦争はロシアに対し、侵攻の褒美を与えない仕方で終わらせなければならない。

このような仕方で戦争を終わらせるには、侵攻前の原状への復帰、すなわち、今般の侵攻による新たな領土的利益（ロシアが併合を主張するウクライナ東・南部四州）をロシアに放棄させることが必要である。しかし、ハーバーマスが能天気に考えるような交渉でロシアがそれを呑むはずがない。

では、どうすればいいか。前著第二章「戦争はいかにして終わり得るのか」で詳述したように、プーチンにこの戦争を止めさせることができるのは、ロシア国民のみである。プーチンは自己の権力基盤を維持強化するためにこの戦争を始めた。いま彼が戦争を止めようとしない、もっと正確に言えば、止めるに止められないのは、これまでロシアが払ってきた膨大な侵攻コストに見合うだけの侵攻利益を確保しなければ、自己の権威が失墜し、権力基盤が危うくなると恐れているからである。

しかし、もし、これ以上ロシアが戦争を続けても、侵攻利益の期待値は増えないどころか減少し、侵攻コストだけは確実に増大し続け、逓減する侵攻利益期待値をはるかに上回るという事態になり、ロシア国民もそのことを知り、厭戦感・反戦感が国民の間に広く浸透するに至れば、プーチンの姿勢も変わりうる。このような状況になれば、これ以上戦争を続行するとかえって自己に対する民意の離反を招き、民意離反の機に乗じて反プーチン派政治勢力だけでなく政権内のポスト・プーチンを狙う野心家たちが造反・クーデタを試みるリスクが高まり、自己の権力基盤が危うくなることをプーチンも自覚するだろう。

■ウクライナからの撤退の二つのシナリオ——「裸の王様」か、内乱か

このような状況になった場合、プーチンが自己保身を貫徹する利己的合理性をもつなら、

私が「裸の王様」のシナリオと呼ぶ手段をとることが考えられる。すなわち、ウクライナ東・南部占領地からの撤兵という「不名誉な撤退」をプロパガンダで「名誉ある撤退」であるかのように偽装する。例えば、「今般の侵攻で我々はウクライナに甚大な被害を与え、ロシアの安全を脅かそうとしたウクライナの罪に対して十分な処罰を与えた。我々の侵攻はその目的を十全に果たし、成功裡に終わった」などと喧伝する。プーチンはいわば「見えない勝利の冠」を国民の前で被ってウクライナ侵攻の成功を誇るわけだが、ロシア国民は「勝利の冠」が見えているふりをしてプーチンに喝采を送る。独裁者がそれで面子を保ってこの戦争を止めてくれるならそれでいいと、お互いに目配せしあいながら。

もちろん、プーチンがあくまで撤退を拒否し続け、民意のプーチン離れが進み、その結果、反対勢力が「我が方にチャンスあり」と見て造反し、内乱に突入するシナリオもありうるが、この場合も、内戦状態になったロシア政府は欧米に支援されたウクライナとの戦争を続行する余力を失うだろう。いずれの方向に進むか確言できないが、この二つのシナリオを比較するなら、プーチンが自己保身を図る限り、「裸の王様シナリオ」の方が、蓋然性が高いと思われる（前著一七四－一七五頁参照）。

ウクライナの抗戦の維持強化とそのための西側諸国の支援は、占領地奪還という直接的な戦果のためだけでなく、ロシアの侵攻コストを肥大化させ、ロシア国民の厭戦感・反戦感を高めるという観点から必要である。今夏までに予想されるウクライナの大反攻の戦果の大小に拘わりなく、その後もF-16の実戦配備拡大等により強力な反攻を続行することが戦略的に必要であり、効果的である所以である。

ウクライナの抗戦に対し、ロシアが国内的に「特殊軍事作戦」と呼んできた侵攻を本格的に戦争と宣言して戒厳令・総動員体制をしき、圧倒的兵力を投入してウクライナを制圧する方向への戦略的転換を図るというシナリオも想定され、プリゴジンなどは［本章追記Iで触れる「プリゴジンの乱」に彼が走る前に］それを政府に要求している（参照、https://www.yomiuri.co.jp/world/20230528-OYT1T50090/）。しかし、プーチンがそれに応じようとしないのは、二〇二二年九月の部分動員令ですら世論の厭戦動向を急上昇させたため、戦時下の総動員体制をしくなら国民の反発が一挙に広がることを恐れているからである[10]。

プーチンに戦争拡大を自制させるのが総動員に対するロシア国民の反発であることは、プーチンに対し停戦に向かわせる圧力をかけうるのも、戦争続行に対する国民の反発であることを示している。プーチンは独裁者であるが、民衆多数派の強い支持によって権力を獲得強化してきたポピュリスト的独裁者である（この支持調達のためにあくどい政略もつかってきたが）。彼は、民意が離反すれば権力を失うことを知っている（前著一七九頁、一九四頁注23参照）。彼がウクライナ侵攻に走ったのも、長期化したプーチン体制の下で進んだ「盗賊国家（kleptocracy）」的な権力の放縦化と腐敗に対して鬱積し始めた国民の不満・反発（内憂）を「外患」（ウクライナとＮＡＴＯ）を捏造することによってそらし、国民の結束と自らへの忠誠心を再強化するためだったのである。

(2)　「冷蔵庫とテレビの戦い」の現況

■「テレビ対ＳＮＳ」、「ＳＮＳ対ＳＮＳ」――情報戦の戦場転換

前著ではプーチンに対してロシア国民に停戦圧力を高めさせるような、軍事支援とは別の方途を示すために、ノーベル賞受賞作家スベトラーナ・アレクシエーヴィチの「冷蔵庫とテレビの戦い」の比喩を援用した（一七二－一七四頁参照。なお、前著で彼女を「ロシア人作家」としたのは誤記で、ロシア語を母語とするが、現在の国籍はベラルーシである［ただし、ベルリンで事実上亡命生活中］）。この「戦い」について付言して本稿を締め括ろう。

「冷蔵庫」とはロシア人の日々の暮らし向き（経済生活実態）の象徴、「テレビ」はロシア政府が日々国民に向けているプロパガンダの象徴である。アレクシエーヴィチによれば、ロ

シア国民はいま「テレビ」＝プロパガンダを信じてプーチンに追従しているが、それは「冷蔵庫の中身」＝生活実態に不自由がない限りであり、後者が枯渇してくれば前者に対しても疑いを強め、政府への批判的姿勢を強めるに至る。

経済的下部構造がイデオロギー的上部構造を規定するという唯物史観を持ち出さなくとも、常識に照らして、アレクシエーヴィチのこの指摘は正しい。冷蔵庫とテレビの戦いで冷蔵庫をテレビに勝たせる、すなわち、民衆の経済生活の悪化により政府による民意操縦を掘り崩すには、ロシア国民の経済的境遇にも響いてくるような対露経済制裁の強化が必要であると同時に、政府による情報統制・操作を突き破る情報流通経路の開拓・拡大が必要である。

政府の情報統制・操作を突き破る情報経路から先に述べれば、実は、皮肉なことに、ロシア政府自体がこれを提供している。ロシアはフェイスブック、ツイッター［現在のX］、インスタグラムなどのSNSは禁止した。しかし、若者がテレビを見ないというのはロシアも同じで、ロシア政府も若者へのプロパガンダの情報経路として、ユーチューブとテレグラムは許可している。これらのSNSはロシア政府のプロパガンダに利用されているだけでなく、それを批判する反政府勢力の対抗情報提供経路としても利用されている。

代表的な事例は、いま［初稿執筆時］刑務所に収監されている反体制派指導者ナワリヌイが主宰する運動団体「汚職との戦い基金」が、二〇二一年一月二〇日にユーチューブを使って流した「プーチン宮殿」の動画である。［ナワリヌイは北極圏の刑務所に移された後、二〇二四年二月一六日に獄死した。当局は自然死としているが、同年九月二九日、ロシアの独立系調査報道サイト「インサイダー」は独自に入手した証拠をもとに、毒殺と報道した（参照、https://www3.nhk.or.jp/news/html/20241001/k10014597061000.ht）。］ロシアという盗賊国家の頂点にいる最大の盗賊がプーチンであることを暴露したこの動画は、公開後一〇日も経たないうちに再生回数が一億回を超えた（前著一一五‐一一六頁参照）。この団体は活動拠点をリトアニアに移してロシア政府に対抗する情報発信を続けており、そのユーチューブ登録者数は一六〇万人、そこからさらに多くの人々へ情報が拡散している。

興味深いのは、プーチン体制内部の鬼っ子プリゴジンがロシア軍指導部の無能・無責任を批判する中で、バフムト攻防でのロシア兵の戦死者の実態が二万人だと、米国政府の発表と合致する情報を漏らしたのも、テレグラムという、ユーチューブと並んで解禁されているSNSを通じてだった。プリゴジンの激しいロシア軍指導者批判に触れたロシア国民の間には、政府の戦況発表への疑念・不信だけでなく、ロシア支配層の内紛を露呈する彼の発言を止めるだけの指導力がプーチンにもはやないという実態の認識が広まりつつあるだろう〔その後のプリゴジンの命運については、本章追記I参照〕。

■ロシアの経済制裁対抗力の執拗性とその限界

対露経済制裁については、前著では、ロシアのエネルギー資源輸出はインドへの石油輸出増加などにより増えているが、ロシアは武器も含む工業製品・情報機器の生産に必要な高性能部品のほとんどを欧米からの輸入に頼っており、経済制裁の結果これらの部品の輸入が激減していることがボディブローのようにロシア経済に打撃を与え、武器の生産・修理システムも機能不全に陥らせているなど、じわじわと効果を上げていることを指摘した（前者一七九－一八六頁参照）。

その後、ロシアも欧米の経済制裁回避ルートをいろいろ開拓した結果、ロシアは経済制裁の打撃から回復しているとの見方も出たが、基本的には制裁が「じわじわと効果をあげている」という傾向に変わりはないようである。ロシア連邦統計局が二〇二三年五月一七日に発表した二〇二三年一～三月期の国内総生産（GDP）速報値は、前年同期と比べて一・九％減で、ウクライナ侵攻に伴う西側諸国の制裁などが響いたとみられ、四半期（三カ月）単位で四期連続のマイナス成長となった（参照、https://www.jiji.com/jc/article?k=2023051800155&g=int）。

特に重要なのはロシア政府の財政逼迫である。欧米の経済制裁、特にロシア産石油価格上限規制などの効果や、ロシアによる逆制裁としての欧米への天然ガス供給中止などにより、天然ガス・石油輸出の収益が減少したのに加え、膨大な戦費支出の結果、ロシアの財政収支は悪化し、二〇二三年一～四月の期間で三兆四、〇〇〇億ルーブル（六兆円超）の赤字となった。その結果、二〇二三年四月からルーブルは急落し、モスクワの両替所が次々と閉鎖されるに至っている。

こういう状況で中国への依存にロシアは傾斜しているが、中国がロシアのエネルギー資源を買い支える保証はない。二〇二三年三月二一日にモスクワで開催された中露首脳会談で、プーチンは、中国への天然ガス輸出のための新たなパイプライン「シベリアの力2」の建設契約を熱望したが、その締結は持ち越された。ロシアはインドも頼りにしている。しかし、インドはヨーロッパで売れなくなったロシアの石油を大量に買っているものの、安く買い叩き、ヨーロッパに転売していると指摘されている（以上については、参照、https://news.tv-asahi.co.jp/news_international/articles/000299768.html）。

国民の衣食住という基本的な生活基盤にはまだ大きな影響は及んでいないのかもしれないが、財政悪化は、国民の支持を調達するための補助金ばらまき行政などを困難にするとともに、いずれ社会保障予算も圧迫することになりうる。何よりも、部分動員令で動員された兵士たちに約束された一時金・給与や、傷害・死亡補償金給付は莫大な予算を必要としているが、これらについても支払いの滞りで国民の不満が出ているのは、戦意昂揚阻害要因になる（参照、https://news.tv-asahi.co.jp/news_international/articles/000274534.html）。

対露経済制裁がロシアの戦争遂行能力を奪うには、またロシア国民に政府の戦争続行に対する不満と批判を高めさせるには、まだ時間がかかるが、確実に効果は出ており、対露制裁を中断することなく維持強化する必要がある。経済評論家ピーター・コイの譬えによれば、「欧米の対露制裁は神の碾《ひ》き臼（the mills of God）のようなものだ。それはゆっくりとすり潰すが、非常にきめ細かくすり潰す」（cf. Peter Coy, "Russia feels the squeeze of sanctions," in *The New York Times*, International Edition, December 26, 2022, pp. 1, 11）。

■再び、ディランに託して

前著では、ウクライナ戦争終結の鍵を握るロシア国民に対し、昭和世代には懐かしいボブ・ディランのフォーク・ソング「風に吹かれて」の歌詞を転用して、次のメッセージを送った（前著一八九頁参照）。

How many things must run short in your refrigerator before you know Putin is telling you monstrous lies?

いったいどれほどのものが冷蔵庫から無くなれば、プーチンがひどい嘘をついていることにあなたは気付くのか？

これに次の言葉を連ねて本章を結びたい。

How many young Russians must die with the stigma of invaders before you stop pretending to believe that they are heroes?

いったいどれほど多くのロシアの若者が侵略者の汚名を背負って死ねば、あなたは彼らが英雄だと信じているふりをするのをやめるのか？

〈補　記〉カホフカ・ダム決壊事件

本稿脱稿後、二〇二三年六月六日に、ウクライナ南部ヘルソン州のロシア軍が支配するカホフカ・ダムが決壊し、州都ヘルソン市を含むウクライナ奪還地域だけでなく、ロシアが支配するドニプロ河東岸地域にも洪水被害が拡大している。ウクライナ政府とロシア政府は責任を互いに相手に帰しているが、ダムがロシア軍の支配下に置かれていたこと、ロシア軍による破壊工作の証拠と思われるものがいくつか浮上していること、ウクライナ側にとってダム決壊は損害のみ大きく戦略的にも大反攻の重要ルートを一部塞がれるというデメリットがあるのに対し、ロシア側にとってはウクライナの大反攻の妨害、ダム奪還利益の滅却など戦略的メリットがあることなどから、ダム決壊の責任はロシアにある疑いの方が濃厚になっている。

ロシアは自らの支配地域が洪水被害を受けていることを口実にしてウクライナにダム決壊

を帰責しているが、敵に奪還されそうな自らの占領地域を奪還される前に破壊して、敵の進軍を物理的に妨害すると同時に、敵の奪還利益を滅却するというのは、いわゆる「焦土戦術」で、よく使われる作戦である。今回の焦土手段は火ではなく水であるが、ダム決壊という洪水による焦土戦術は、かつて対独戦でスターリンも使っている。実際には、ロシアは決壊には至らない程度のダメージをダムに与える限定的な破損手段を行使し、いざとなればダム決壊の焦土作戦も辞さないという恫喝をウクライナに加えて、その大反攻の足を引っ張るつもりだったのが、過去の戦闘で既に損傷部分があったと言われるダムが脆弱化しており、限定的破損手段がダム決壊というロシアの想定以上の破壊的帰結に導いたということも考えられる。

いずれにせよ、カホフカ・ダム決壊はウクライナに洪水対策コストや進軍ルートの部分的遮断という戦略的不利益をもたらしているが、ロシア側も同様に洪水対策コストやウクライナが奪還したドニプロ河西岸地域の再奪還の放棄という戦略的不利益を被っており、戦況の展開に関する本稿の論述を修正すべき根本的な変化はないと思われる。

〈追記Ⅰ〉プリゴジンの乱

本章第二節(2)の「ロシア軍事体制の分裂・混乱」を論じた箇所の末尾で、プリゴジンとカディロフについて、「これらの番犬はいつ主人に噛みつくかもしれない」と述べた。また、本章注10でも、プーチンにとってのプリゴジンの危険性について、さらに立ち入った考察を行い、「プーチンにとって、プリゴジンはいつ自分に噛みついてくるか分からない獰猛な番犬であり」と述べている。本章の前身たる旧稿を掲載した『法と哲学』九号が刊行されたのは二〇二三年六月末だが、右記のような予言的（予感的）所見を記したのは二〇二三年五月下旬時点である。

私自身驚いたことだが、「二匹の獰猛な番犬」のうちの一匹、ロシア軍指導層の無能・腐敗をSNS（テレグラム）などでロシア国民に対しより大胆に糾弾していたプリゴジンが、右の記述を含む旧稿が私の手を離れ刊行される直前、二〇二三年六月二三日に、ロシア軍指導部打倒のためモスクワに向けてワグネル部隊を率いて進軍するという「プリゴジンの乱」を起こし、彼について私の右の予言が的中することになった（参照、https://globe.asahi.com/

article/15009255)。

プリゴジンの糾弾は直接にはプーチンにではなく、ゲラシモフ参謀総長やショイグ国防相（当時）などのロシア軍指導部に向けられたもので、いわば「君側の奸」を叩くという建前をとっているが、「君」が信任を置くその「重臣的側近」を「君」の意を無視して切ろうとする行為は、日本の二・二六事件における皇道派青年将校たちの行為と同様、「君」に対するあからさまな反逆である（実際、昭和天皇は青年将校たちに対し激しい敵意を示したという）。

この乱は真の理由が不明なまま中断されたが、一時、ワグネル部隊は、ロシア軍の抵抗をほとんど受けることなく、ロストフ州の州都ロストフ・ナ・ドヌ市を制圧し、市民の歓迎を受けさえした。プーチンは、この反乱行動を「反逆」と呼び、鎮圧を軍に命じたが、プリゴジンやワグネルの名に言及することは避けた。ベラルーシによるプリゴジンの庇護を認め、ワグネル兵に対しても、処罰はせず、ロシア正規軍への編入かプリゴジンに従ってベラルーシに行くかの選択肢を与えるという一見「寛大」な対応をした。これは、プリゴジンと彼に忠誠を誓うワグネル兵の「愛国心」にプーチンが理解を示したからというより、むしろ、国民の支持をかなりの程度集めているプリゴジンとワグネル兵を厳しく処断すると、国民の反感を招くことをプーチンが恐れたからであり、プーチンの統率力の揺らぎを露呈している。

実際、その後プリゴジンは失踪し、乱勃発から二カ月後に、暗殺と見られる「搭乗機墜落事故死」の末路を迎えた。プーチンがプリゴジンを本当にその「愛国心」ゆえに寛恕していたなら、こんな「死なせ方」はしなかっただろう。ロシアでは、一九九六年の欧州評議会加盟の際に死刑の段階的廃止を受け入れてから以降、死刑執行が停止されており、暗殺や事故死偽装こそが、極刑たる死刑の政治的執行手段なのである。また、プーチンが自己の統率力に本当に揺らぎない自信をもっているなら、自らの関与と責任を隠蔽するこんな姑息な裏工作はしなかっただろう。反体制指導者ナワリヌイに対してしたように、プリゴジンを反逆者として逮捕させ、有罪判決を下させ、刑務所に収監させるという法的手続をとった上で、頃合いを見て「獄中病死」させればよかったのである。

なお、蛇足を加えれば、プリゴジンの運命は、もう一匹の獰猛な番犬、カディロフに「当分は、忠犬の振りをし続けるのが得策」という教訓を与えたかもしれない。

〈追記Ⅱ〉　専守防衛ラインの緩和

専守防衛ラインは、本章注7に示すような「象徴的報復」という例外的事例を除き、ロシアの侵攻開始後二年半近くにわたって、ウクライナにより原則的に遵守されてきたが、二〇二四年八月六日にウクライナ軍がロシアのクルスク州に侵攻を開始し、一時期最大で一、三〇〇平方キロメートル、その後変動しつつも一、〇〇〇平方キロメートル前後のロシア領土を占領するに及んで、「象徴的報復」以上の戦略的実質を伴う仕方で越えられた（参照、https://www.bbc.com/japanese/articles/cx292vv2gr3o）。これはウクライナの「大反攻」が所期の成果を挙げられず、逆にロシアが東部ドンバス地域で攻勢を強め、ウクライナ北部にも攻撃を拡大している中で、ロシア軍の兵力を分散させ、ウクライナ空襲の拠点になっているロシア領内基地へのウクライナの反撃を可能にするとともに、新たな軍事的成功でウクライナ側の士気を再強化し、将来の停戦交渉における領土取引の交換材料をウクライナが確保するためのウクライナの新戦略とみなされている。

欧米もウクライナが大反攻の頓挫後ロシアに押されつつある戦況の中で、この新戦略はやむを得ないものとして、クルスク州侵攻に関しては追認している。ロシア領土侵攻を無制約に承認したわけではないが、ロシアによる侵攻の防波堤として必要な限りで限定的に承認したと言えよう。

専守防衛ラインの緩和に関してさらに重要な点だが、欧米がウクライナに供与した長距離ミサイルのロシア領内攻撃のための使用について、米国はこれを認めてこなかったが、ロシアによる北朝鮮兵動員への対抗措置として、バイデン大統領が二〇二四年一一月半ば過ぎに、ついに米国供与のＡＴＡＣＭＳ（陸軍戦術ミサイルシステム）についてロシア領内攻撃での使用を認めた（参照、https://www3.nhk.or.jp/news/html/20241118/k10014641571000.html）。長距離ミサイル使用承認にかねてより積極的だったが米国の態度を見守っていた英国とフランスもこれに従い、自ら供与したストームシャドー、スカルプのロシア領内攻撃への使用をそれぞれ承認した（参照、https://www.bbc.com/japanese/articles/cjw0pegw3lno、および、https://www.asahi.com/articles/ASSCT3GFMSCTUHBI00XM.html）。

ロシアはウクライナ領土のどこでも無差別に攻撃しているのに、ウクライナはロシアがウクライナから奪い自国領土と主張している地域以外のロシア固有領土に対しては、その領土内の軍事基地から大量のミサイル・ドローン・砲弾が発射されても、そこに反撃できないという専守防衛ラインの限界線は、国際法上も認められたウクライナの自衛権行使に対する不当な制約である。ロシアとの戦闘のエスカレーション回避を理由にこの制約を欧米がウクライナに課し続けてきたことが、逆にロシアの再攻勢強化を招くことになり、これはエスカレーションの恫喝で欧米のウクライナ支援の実効性を殺ごうとするプーチンの策略に乗るもので、戦略的にも誤りであったことが指摘されている（参照、https://www.cnn.co.jp/world/35226746.html）。

この制約が緩和されたのは誤りを正すものである。ただ、欧米が逡巡している間に、ロシアは欧米の長距離ミサイルの射程外への重要武器の移動など対策を進めており、遅きに失し、戦況に大きな変化はもたらさないとの見方もある（参照、https://www.bbc.com/japanese/articles/czj7wn0d2ndo）。しかし、長距離ミサイルの射程（ATACMSは三〇〇キロ、ストームシャドーは輸出仕様では二五〇キロ以上だが本国仕様の最大限は五六〇キロ）に入る国境に比較的近い場所からウクライナを自由に攻撃できるメリットをロシアは失う。ウクライナにとっても、ロシアのミサイルを迎撃するだけで、ロシア領内の軍事施設を効果的に破壊できないという縛りから解放されたことによる士気高揚と戦略的カード増大の効果はやはり大きい。

なお、専守防衛ラインは緩められたとしても、不参戦ラインを欧米が堅持していることには変わりない。ウクライナ軍の訓練や技術指導、情報提供、作戦助言などはさらに増強されるかもしれないが、このような間接支援は欧米がこれまで行ってきたことであり、不参戦ラインを超えるものではない。間接支援は、欧米が自ら参戦せず、あくまでウクライナ軍がロシアと戦う能力を高めるために行っている。

〈追記Ⅲ〉　ウクライナは「最も遅れてきた国民」か？ ―― ハーバーマスの民族的蔑視

本章第四節で、ロシアとのウクライナ戦争停戦交渉のイニシアチブをウクライナに代わって欧米がとることを主張するハーバーマスの「交渉請願」論に対し、その議論がこの戦争の現実、対露停戦交渉の政治力学、ウクライナの交渉努力と戦争拡大自制に対する無知・無理解に基づくものであることを適示した上で批判した。第四節での批判はハーバーマスの議論の内容に焦点を当てたものなので、そこでは触れなかったが、停戦交渉をウクライナに任せず「我々自身（欧米諸国民）がイニシアチブをとるべきだ」という彼の主張の根底には、ウクライナに対する民族的蔑視も深層動機としてあるように思われる。それは、ハーバーマスがウクライナを支援する西側諸国の心情を語る中で付した次のようなコメントに現れている。

このようにウクライナに加担するのは、何世紀にもわたってポーランド、ロシア、そしてオーストリアという異国の支配下にあり、ソ連の崩壊とともにようやく国家としての独立を勝ち取った当地の住民たちの苦難の運命に対するシンパシーの気持ちに由来している。ウクライナは、ヨーロッパの中の遅れてきた国民の中でも、最も遅れてきた国民であり、今なお、ネーションの形成の途上にあるようだ（三島訳・前掲論文、一四九頁下段、傍点は井上）。

ハーバーマスはここで、ウクライナへの欧米のシンパシーを、ネーションとしての自己形成が未熟な民への同情と結合させている。しかし、ウクライナ国民が彼のこのコメントを読んだら激怒するであろう。また、ウクライナ国民ならずとも、ウクライナの歴史について多少とも知る人々は唖然とするはずである。

ウクライナが独立国家としての地位を長く奪われてきたこと、それを回復し現在のウクライナ国家を成立させたのがソ連崩壊後であるというのはその通りだが、そこから、ウクライナを「ヨーロッパの中で最も遅れてきた国民」で「今なお、ネーション形成の途上にある」とするのは、滅茶苦茶な論理的飛躍であると同時に、ウクライナ史についての無知を露呈する暴言である。

「国家（the state）」の成立とその「国民」となる民族集団（nation）の成立とは全く別の問題であり、「国家なき民族（stateless nations）」は現在でも数多く存在する。さらに、イスラエルを見れば分かるように、太古から存在し国家としての権勢も一時は有した民族集団が自らの国家を失い、様々な他民族の国家の支配の下で長く生きた後、現代になって新しく自らの独立国家を樹立することもある。

ウクライナも、中世の大国たるキエフ・ルーシ公国という自らの国家をもち、その崩壊後も民族としての歴史的・文化的アイデンティティを保持発展させていた。しかし、ロシアとソ連の陰にその民族的存在が隠されてしまったのである。一九九六年から一九九九年まで駐ウクライナ日本大使を務めた黒川祐次がウクライナの通史を書いたその著書において、この事情を次のように総括している。ウクライナの国家と民族の歴史を的確に要約しているので、少し長くなるが引用しておきたい。

……キエフ・ルーシ公国の首都は、現在のウクライナの首都キエフにあった。ゴーゴリはコサックの末裔で、生粋のウクライナ人であった。チャイコフスキーもその祖父はウクライナのコサックの出であり、チャイコフスキー自身も毎年ウクライナのカーミアンにある妹の別荘に滞在し、その地の民謡をもとに『アンダンテ・カンタービレ』その他の名曲を作曲した。ドストエフスキーさえもその先祖はウクライナに出ているといわれている。人口衛星スプートニク打ち上げに中心的役割を果たしたコロリョフはウクライナ人であった。これだけでもわかるように、ウクライナには歴史も文化も科学技術もあるが、それはすべてロシア・ソ連の歴史、文化、科学技術として括られてしまい、その名誉はすべてロシア・ソ連に帰属してしまっていたのである。そして、ウクライナはロシア・ソ連の歴史の中での穀倉地帯としてしか世界に紹介されてこなかったのである。……

……キエフ・ルーシ公国は一〇～一二世紀には当時のヨーロッパの大国として君臨し、その後のロシア、ウクライナ、ベラルーシの基礎を形作った。その点からすれば、ウクライナは東スラブの本家筋ともいえる。ところが、その後モンゴルの侵攻などでキエフが衰退したのに対し、いわば分家筋のモスクワが台頭し、スラブの中心はモスクワに移ってしまった。ルーシ（ロシア）という名前さえモスクワに取っていかれたのである。したがって自分たちの土地を表すのにウクライナという名前を新しく作らなければならなかったほどである。歴史の上でもキエフ・ルーシ公国は、ウクライナ人の国というよりは、ロシア発祥の国として捉えられるようになった。つまり、モスクワから勃興してきた国が後に大国となり、ロシアと名乗ってキエフ・ルーシを継ぐ正統の国家と称したため、ウクライナの歴史は「国がない」民族の歴史となったのである。

「国がない」という大きなハンディキャップをもちながらも、そしてロシアという言語、文化、習慣の近似した大国を隣にもちながらも、ウクライナはそのアイデンティティを失わなかった。ロシアやその他の外国の支配下にありながらも、ウクライナは独自の言語、文化、習慣を育んでいった。コサック時代のユニークな歴史があり、またロシアに併合された後も、ウクライナはロシア史の中で経済的・文化的に重要な役割を果たしてきた。そしてその間にもウクライナのナショナリズムは高まっていった。（黒川祐次『物語　ウクライナの歴史——ヨーロッパ最後の大国』中央公論新社、二〇〇二年、ii－iv頁。）

ウクライナは中世ヨーロッパの大国たるキエフ・ルーシ公国という自己の国家的原点をロシアに簒奪され、自民族の文化的遺産や、科学技術的・経済的貢献もロシア・ソ連に接収され、固有の民族としての歴史的存在そのものをロシア史の陰に隠されてしまったのである。

ソ連崩壊後にロシアの帝国主義的イデオロギーとして復活したユーラシアニズムにおいて、ウクライナの国家的起源と民族的同一性のロシアによる歴史的抹消はさらに進められ、プーチンもまたウクライナ侵攻の八カ月弱前に彼の名で発表された論文「ロシア人とウクライナ人の歴史的一体性」において、ウクライナの民族的独自性を否定し、ウクライナ人をロシア民族の一部とみなし、ロシアから独立したウクライナの主権性を否定した（井上前著九六–一〇二頁参照）。

ウクライナが「ヨーロッパの中で最も遅れてきた国民で、今なお、ネーション形成の途上にある」などと、無知丸出しの偏見を吐露して恥じないハーバーマスは、「歴史からのウクライナの国家と民族の抹消」というロシアとソ連の認知的ヘゲモニーの支配下にすっぽり嵌っている。ウクライナを「ソ連崩壊後に生まれたばかりの幼い民族」とみなす偏見に囚われた彼が、ウクライナに代わってロシアとの停戦交渉のイニシアチブを欧米がとるべしとしてウクライナの政治的主体性を無視するのは、知的にも規範的にも正当化不可能であるが、「民族差別の心理」としては理解可能である。

（3）　ロシアの反発を恐れてウクライナへの戦闘機供与を戦車以上にためらってきた欧米が

F‐16（旧式でなく新式モデル）の供与に踏み切った戦略的理由は色々あるが、最大の理由は、ウクライナにロシア本土爆撃のような深刻な戦争エスカレーションにつながる攻撃能力を与えない範囲でウクライナの防衛能力を大きく向上させるのに、現行の新式F‐16が丁度よい性能をもっていることである。

米国製のF‐15やF‐16の旧式モデルは、旧ソ連製のMig‐29やSu‐27と同様、冷戦期に作られた「第四世代」戦闘機で、現在でも「現役機」ではあるが、既に時代遅れになっている。現在最先端の戦闘機は「第五世代」と呼ばれる米国製のF‐22（Raptor）やF‐35（the Lightning II）、ロシア製のSu‐57だが、これらはステルス戦闘機で敵国をその防空システムを突き破って攻撃するために使用される。供与承認された現行型F‐16は、ロシア製のSu‐30、Su‐34、Su‐35などと同様、第四世代と第五世代の中間で「第四・五世代」と呼ばれ、第四世代よりはるかに進んだ航空電子工学システムと武器配備能力をもつが、ステルス能力はもたない。

ウクライナの防空能力を向上させる上で、米国が供与した地対空防衛ミサイルシステムであるパトリオットはロシアが「極超音速ミサイル」と標榜する「キンジャール」を撃墜する能力を示したが、パトリオットや他の地対空迎撃ミサイルシステムだけでは、限られた狭い領域しか防衛できない。ロシアは第四・五世代の戦闘機を多数保有しており、ロシアの空襲に対してウクライナ軍がウクライナ全土を実効的に防衛し、ロシア占領地内の軍事拠点・兵站網を破壊・寸断し、前線での自軍の地上戦闘を効果的に援護するのを可能にするには、しかも、ロシア本土攻撃能力を与えない範囲でそれを可能にするには、現行型F-16の供与が最適である。

さらに、欧州諸国は既に数多くの現行型F-16を保有するだけでなく、各国がそれぞれ第四・五世代以上の戦闘機を開発しており、既存のF-16をより高度な新式モデルと代替中であるため、自国の高性能戦闘機ストックを自国にとって危険なほど枯渇させることなく、ウクライナに現行型F-16を大量供与できることも戦略的に重要な理由である。

以上については、cf. David French, "Why Kyiv needs those F-16 fighters," in *The New York Times*, International Edition, May 22, 2023, pp. 1, 14.

(4) バイデンの"as long as it takes"という表現は、「その仕事を仕上げるのにどれくらい時間がかかりますか(How long does it take to complete the work?)」というような例文における"take"という動詞の用法に従ったもので、米国はウクライナ支援について、「その任務を遂行するのにかかるだけの時間を費やす」ことを誓約したという意味をもつ。しかし、日本のメディアでは、バイデンの発言を、「米国はウクライナ支援を米国が必要とする限りで続ける」というニュアンスで解釈して、バイデンがウクライナ支援へのコミットメントを低下させたかのように解説されることもある。バイデンの本心がどこにあるかは別として、このような解説は、バイデン発言の趣旨を歪曲するものである。

（5）因みに、二〇二三年四月中には開始されると予想されていたウクライナの大反攻が予想より遅れているのは、欧米の戦車供与の実施の遅れに加え、春の泥濘期が例年より多い降雨量のため長引いたことによるとされ、気温が上がって、ぬかるみが固まるのをウクライナ軍は待っているていると見られている。Cf. Michael Schwirtz, "Shiny guns are mired in Ukraine's spring mud," in *The New York Times*, International Edition, May 3, 2023, pp. 1, 4.

（6）バフムト攻略におけるロシア兵の犠牲に関するプリゴジンのこの主張は、ロシア兵戦死者の内訳は別としてその総数に関しては、二〇二三年五月一日に米国家安全保障会議（NSC）のカービー戦略広報調整官が記者会見で行った発表と合致する。カービーは、激戦地バフムトでの戦いでロシア軍の死傷者は過去五カ月間で一〇万人に上るとする米情報機関の推計を明らかにし、このうち死者数は二万人を超え、その半数はロシアの民間軍事会社「ワグネル」の戦闘員と見られると語った（参照、https://jp.reuters.com/article/ukraine-crisis-usa-idJPKBN2WS1EU)。

（7）ウクライナ政府が関与を否定している最近のモスクワへのドローン攻撃が仮にウクライナによる攻撃だとしても、ロシアが連日続けている大量のミサイルとドローンによるキーウ空襲とは比較にならないほど限定的で、象徴的報復というべきものである。これはむしろウクライナが専守防衛ラインを遵守しているという「原則」を証明する「例外」である。
（8）ロシアは射程と破壊力が限定された戦術核兵器を使用するという威嚇をしばしば行うが、戦術核兵器でも一旦使用すれば、それが相互殲滅の核戦争へとエスカレートする可能性をコントロールできなくなるため、ロシアの自滅の道であることはプーチンも自覚しており、これは単なるブラフにすぎない。また核攻撃はプーチンがボタンを押すだけで実行できるという単純なものではなく、国防省・参謀総長が介入する手続があり、仮にプーチンが狂って核攻撃に走ろうとしても、ロシアの自滅に至るこの愚行を軍部が簡単に許すはずがない。さらに、核攻撃のブラフに屈従してロシアの要求に屈従すると、このブラフの戦術的有効性が示される結果、核武装に走る国々が増え、核不拡散体制が崩壊し、核戦争が勃発するリスクがかえって高まるという自壊的帰結を招く。以上について、前著一五五‐一五八頁参照。
（9）クラウゼヴィッツに由来するいわゆる「無差別戦争観」がもつこのような戦争限定機能とその限界については、参照、井上達夫『世界正義論』筑摩書房、二〇一二年、二八二‐二八四、二九一‐二九三頁。
（10）戒厳令・総動員体制を要求するプリゴジンの狙いも屈折しているように見える。彼は一方で、ロシア民衆の若者を犠牲にして自らの子弟を安全地帯に置いているエリート層を批判し、このままでは革命が起こると警告して総動員体制を要求しているが、総動員体制をしくならエリートの子弟が徴兵対象になるだけでなく、部分動員令で動員された者よりはるかに多数の若者が一般国民から徴兵されることになり、エリート層のみならず一般国民のプーチン政府への反発までかえって高まるのが当然予想されるはずである。プリゴジンはそれを承知の上で、本音では、国民のプーチン離れを促進し、自らがポスト・プーチン体制の権力の座につくための準備をしているのではないかと疑わせる面がある。プリゴジンがロシア軍指導部だけでなく現プーチン体制のエリート層全体に対して激しい批判を公然と向け、それをＳＮＳで大衆に流しているのは、大衆から支持を得たポピュリスト的リーダーになるための準備ではと「邪推」させる。

以上は憶測であり、ロシア政府を突き上げるプリゴジンの意図がどこにあるのかは掴みにくい。しかし、いずれにせよ、彼は強力な私兵集団とアフリカ諸国での鉱山開発等の権益をベースにした潤沢な資金力をもっており、万一、民意のプーチン離れが進むようなことになれば、権力奪取抗争をロシアで引き起す重要なアクターになる可能性が強い。既述のように、プーチンにとって、プリゴジンはいつ自分に噛みついてくるか分からない獰猛な番犬であり［この予感が的中したことに関し、本章追記Ⅰ参照］、この番犬を自分に歯向かわせないためにも、民意を自らの方に繋ぎ止めておく必要がある。

第二章　この世界の荒海で〔二〇二四年五月〕

――戦争犯罪に狂う報復主義と、侵略に加担する宥和主義を超えて

今でも、ひそひそ声でしか話せないわ――〔第二次大戦後〕四〇年以上たっても――〔一九四五年〕九月のこと――夫が――前線から戻ってきたのよ。――翌朝、彼は連行されました。――元捕虜という烙印を押されたの。――スモンレスク近くで捕虜になって、そのとき自殺すべきだった。――「ソ連の将校は降伏しない、我が国で捕虜になった者はいない、生き残った者は裏切り者だ」、同志スターリンはそう言って、捕虜になっていた自分の息子を拒絶したほど。捜査官たちは彼〔夫〕をどなりつけました。「どうして生きてやがる！　どうして生き残った！」彼が生き残れたのは捕虜の身で脱走したから――夫は七年たって戻って来た……戦争中の四年間、そして勝利のあともコルイマ〔夫が収用されたラーゲリ〔強制収容所〕の場所〕から戻るのを七年間息子と待った――全部で一一年待ったんで

す。――私は沈黙することを覚えた。――いまは何でも話せる世の中になったわ。私は訊きたいの、誰のせいなのかって。戦争が始まったばかりの何カ月かで何百万もの兵士や将校たちが捕虜になってしまったのは誰の責任なのか？　知りたいの――赤軍の指揮官たちを「ドイツのスパイだ」「日本のスパイだ」と中傷して銃殺してしまったのは、戦争が始まる前に赤軍の指導部をつぶしてしまったのは誰なの？　――戦争が始まってすぐから弾が足りなかったのよ……訊きたい……もう訊けるわ――でも私は黙っている。夫も沈黙している。今だって怖いの。私たち怖がっている……恐怖のうちにこのまま死んでいくんだわ。悔しいし恥ずかしいことだけど……

――ワレンチーナ・エヴドキモヴナ（元パルチザン連絡係）の証言、スヴェトラーナ・アレクシエーヴィチ『戦争は女の顔をしていない』（三浦みどり訳）岩波現代文庫、二〇一六年、四三六‐四四一頁所収。点線部（……）はアレクシエーヴィチによる省略箇所を、破線部（――）は井上による省略箇所、および両者の省略が連なる箇所を示す。角括弧内は井上の補記。

一　ウクライナとガザの戦争が見せるものと隠すもの

(1)　欧州とアジアにおける戦乱の現実

■飛び広がる戦火——ウクライナからガザへ

二〇二二年二月下旬にロシアによる侵攻で始まったウクライナ戦争が長期化し、世界の懸念が高まるただ中で、二〇二三年一〇月七日に、ハマースがイスラエル侵攻で民間人一、二〇〇人を虐殺し二五〇人の人質をとった。これへの報復としてイスラエルはガザを侵攻し、地下トンネルに潜伏するハマースの撲滅を口実に、市街地をまさに「平らにする」爆撃で病院・学校も含む民間施設を破壊し、三万人以上の生命を奪っている〔初稿執筆時の推計、開戦一年後の二〇二四年一〇月段階で攻撃による直接死者は四万人を超え、餓死等の間接死を含めると死者数は一〇数万人とも推計されている（参照、https://forbesjapan.com/articles/detail/74405)〕。死者の多くは子供・幼児も含む民間人である。

多数の民間人を巻き添えにし、ガザ避難民に対する救援活動を阻害するイスラエルの軍事行動に対し、国連や国際社会から国際人道法違反だとする非難と、停戦を求める声が高まっているが、イスラエルのネタニヤフ政権は強硬な姿勢を崩さず、停戦も拒否してきた。このガザ戦争――主たる戦場がガザなので、そう呼ぶことにする――も、開戦後半年以上たったが、終結の道筋はいまだ開かれていない［二〇二五年一月一八日にイスラエルとハマースとの停戦合意が発表されたが、これが戦争終結を保証できるものではないことについては、本書第三章二六四－二六六頁で論じる］。

過去二年余りの間に勃発したこの二つの戦争に国際社会の関心がいま注がれているが、現在の世界を荒らす戦乱の現実は、これより長く、かつ広く及ぶことを我々はまず想起しなければならない。

ウクライナ戦争は二〇二二年二月にロシアのウクライナ侵攻により始まったと言ったが、実は、その前史は二〇一四年のロシアによるクリミア併合とウクライナ東部のドンバス地域への軍事介入に遡る。ウクライナは二〇一四年以降、ロシアの支援で東部地域の一部を支配する反政府勢力との内戦を続けつつ、二〇二二年にロシアの直接侵攻を受けており、実質的には既にほぼ一〇年に亘り、ロシアと戦っている。

ロシアの直接侵攻後、ウクライナが首都キーウへのロシアの進軍をはねのけ、東部・南部のロシア占領地域も一部奪還するなど強く抗戦できた大きな理由の一つは、一〇年前に遡る対露代理戦争としての親露派勢力との内戦を戦い続ける中で、クリミアとドンバスの重要な一部をロシアに制圧された過去の軍事的失敗から学び、自国の抗戦能力を向上させる軍事改革を続けてきたことにある。「二年以上も軍事大国ロシアと戦って、ウクライナは戦争に疲れたのではないか」と見る近視眼的観測もあるが、ウクライナの対露抗戦への意志と能力は既に一〇年に亘る試練の中で鍛えられてきたものであることを認識すべきである。ウクライナは「短距離走者」ではなく「長距離走者」として対露抗戦の軍事レースを闘う覚悟をもち、その準備をしてきたのである。

■忘れられた中東の戦乱

中東において戦乱がガザ戦争を超えた時間的・空間的な広がりもつことは、「言うまでもない」はずのことだが、残念ながら多くの人々の念頭から去りつつあるため、いまあえて「言わざるを得ない」こととなった。ウクライナ戦争に加え今般のガザ戦争の勃発で国際的関心が薄れているが、「アラブの春」の破綻に根差すシリア内戦はロシアとイランがアサド政権を支援し、トルコや欧米諸国が反体制派諸勢力を支援するという形で様々な外国の介入も招きつつ、既に一〇年以上続き、難民と国内避難民を合わせて一、三〇〇万人以上の人々が家を追われ、民間人だけでも二〇万人以上の死者を出していると見られる（参照、https://www.msf.or.jp/syria10/）。

［シリアのアサド政権を支えていたのは、ロシアとイランおよび後者が庇護するヒズボラであるが、ロシアはウクライナとの戦争で、イランとヒズボラはガザ戦争をめぐるイスラエルとの抗争で、それぞれ軍事的な資源とエネルギーを奪われており、その隙をついて、二〇二四年一一月下旬にシリアの反政府勢力がかねてから準備していた大攻勢に打って出ると、外部からの強力な支援を失ったシリア政府軍は脆くも敗退した。反政府勢力はシリア第二の都市アレッポを一挙に制圧した後、同年一二月八日、首都ダマスカスを陥落させた。その結果、アサド大統領がロシアに亡命し、アサド政権は崩壊した（参照、https://www3.nhk.or.jp/news/html/20241209/k10014662111000.html）。このアサド政権の突然の崩壊で、皮肉にも、シリアは再び国際社会の注目を集めることになった。しかし、アサド政権の「突然の崩壊」が「国際社会を驚かせるニュース」となったという事実自体が、長く内戦状態にあったシリアの現実が国際社会の関心の外に置かれてきたことを証示している。］

この悲惨な戦乱が続く中で、ガザ戦争が勃発したが、後者もその終結の道筋が見えないどころか、それと付随してヒズボラ、フーシーなどイランが操る武装勢力とイスラエルとの軍事抗争が激化し、遂にはイランとイスラエルが相互の領土を爆撃しあう事態に至った。イスラエルとイランはいまのところ戦闘のエスカレーションを抑制しているが、今後の展開は不明である。

フーシー派はイスラエルや米英と関連あると見られた船舶を紅海で攻撃することで、ハマースを支援し、ガザ戦争の付随的戦乱を拡大しているが、それ以前に、そしてそれ以上に深刻な問題がある。彼らがイランの支援を受けたシーア派勢力として、サウジアラビアが中心となって支持するスンニー派勢力と二〇一五年以来続けているイエメン内戦である。これはイランとイランに対抗するアラブ諸国の「代理戦争」とも言われ、外部勢力が複雑に介入しているがゆえに、終わりの見えない戦乱となっている。この内戦も、シリア内戦と同様、ガザ戦争の陰に隠されてしまっているが、実態はきわめて悲惨で、二〇二二年段階で既に約三七万人の犠牲者――戦闘による死者が四割で、六割は餓死・感染症死者――と、約四〇〇万人の国内外避難民を出し、栄養失調者も約五〇〇万人に及ぶという（参照、https://www.tokyo-np.co.jp/article/170810）。

戦乱の広がりはアジアでも中東に限られない。東南アジアでは、ミャンマーがクーデタで権力奪取した軍事政権と民主化勢力・少数民族連合勢力との間の内戦状態に突入している。

東アジアでは戦火の火蓋は未だ切られていないが、中国の軍事的威嚇の強化により台湾問題・南沙諸島問題・尖閣諸島問題をはじめとして緊張が高まっている。

(2) アフリカを焼き続ける戦火

■ルワンダの悲劇の後も各地で続く惨劇

軍神アレースが中東と同様か、あるいはそれ以上に獰猛に荒れ狂っている地がアフリカである。確かに、一九九四年に五〇万人から八〇万人とも言われる人命を奪う大虐殺の修羅場だったルワンダで、内戦が終結した後、治安が回復し「アフリカの奇跡」とも呼ばれる経済発展が続いているなど、比較的「明るい」側面もある。[11] しかし、その一方で、戦乱が長期化・再発・悪化している地域も少なくない。

特に、部族対立や天然資源をめぐる対立、さらには外国勢力の介入などで、一九九八年以降内戦が続くコンゴ［旧称ザイールのコンゴ民主共和国のことで、隣国にコンゴ共和国があるが、領土・人口ともに前者が圧倒的に大きいので、以下、単にコンゴというときはコンゴ民主共和国を指す］では、五四〇万人以上の人命が奪われ、二〇〇二年の和平合意も崩れて二〇一六年以降事態は悪化し、国内外の避難民は既に［初稿執筆時］六六〇万人を超えている（参

照、https://www.terra-r.jp/blog/20220320.html)。

アラブ系勢力と非アラブ系勢力との対立や、石油利権をめぐる対立で、一九八三年以降二〇年以上内戦状態にあったスーダンでは、二〇〇四年の和平合意で内戦は終結するかに見えた。しかし、情勢は安定せず、死者約三〇万人、難民・避難民約二〇〇万人をもたらしたダルフール紛争が起こり、二〇一一年に分離独立した後の南スーダンで内紛が勃発した。さらには二〇二三年七月にスーダンで内戦が再発し、現在［初稿執筆時］、六五万人以上が国外に難民として逃れ、二四〇万人が国内避難民となっている（参照、https://www.japanforunhcr.org/news/2023/what-happening-Sudan?utm_source=google&utm_medium=cpc&utm_campaign=JA_JA_UNHCR_Generic_Grants_Sudan&gad_source=1&gclid=CjwKCAjw57exBhAsEiwAaIxaZplVJGKB_7Iy5kq9Z-X17awnnGNVqp_ds6EiJqEQ6CfUYYNBWviq_xoCU64QAvD_BwE)。その他、中央アフリカ共和国、マリ、リビア、ソマリアなどでも内戦が続いている。

■アフリカの戦乱とウクライナ戦争との関係

アフリカの戦乱はウクライナ戦争とも無縁ではない。アフリカの紛争地域の旧宗主国で植民地からの独立後も関係の深かった英・仏・ベルギーなど西欧諸国は、執拗に続く内戦に

「お手上げ」状態となり撤退する姿勢を示し、国連も実効的な平和維持活動ができていない。その隙をついて、ロシアはワグネルのような民間軍事会社を使ってアフリカの紛争地域の諸国に浸透し、政府への軍事的支援と引き換えに、鉱物・化石燃料・金・ダイヤモンドのような資源への利権を獲得し、これらの諸国の内政にも干渉してきた。

アフリカへのロシアの介入強化を欧米は批判するが、曲りなりにも治安をある程度回復させたロシアの方が、自分たちを「見捨てた」欧米や無力な国連よりましだとして、ロシアを支持する世論もこれらのアフリカ諸国では強い。ロシアはアフリカ紛争地域で蓄積した資金やそこで養成した傭兵という人的資源をウクライナにおける自国の戦争マシーンを補強する手段にするとともに、ウクライナ侵攻におけるロシアの立場に対する支持をこれらのアフリカ諸国政府から調達することが可能になっている（cf. Roger Cohen, "Africa's allegiance to Putin," in *The New York Times*, International Edition, December 31, 2022–January 1, 2023, pp.1, 4)。

［実はウクライナもまたスーダンに軍事介入していることが報道された。ウクライナは、ロシアの民間軍事会社ワグネルの支援を受けたスーダンの民兵組織に対する攻撃にウクライナ特殊部隊を関与させたものと見られている（これについては、参照、https://www.cnn.co.jp/world/35209273.

html〉また、cf. Declan Walsh, "A ferocious unsparing civil war," in *The New York Times*, International Edition, June 8-9, 2024, pp. 1, 4)。ロシアのアフリカへの介入がロシアのウクライナ侵攻の戦争マシーンを強化する手段になっていることをウクライナも自覚し、これに対する対抗手段をとったものと考えられる。スーダン民兵組織とワグネルの具体的関係、ウクライナの軍事介入の規模・手段・効果等につき十分な情報がないので、この介入の是非について、にわかに判断できないが、アフリカの戦乱とウクライナ戦争との間に接続線が結ばれていることは事実である。〕

■ウクライナとガザを越えた世界の動乱への視野拡大

世界の耳目はいま、ウクライナ戦争とガザ戦争に向けられているが、この二つの戦争と同様、あるいはそれ以上に深刻な人道的危機を伴う戦乱が世界各地に存在すること、そして、それらがこの二つの戦争とも直接・間接の関係をもつことを忘れてはならない。しかし、残念ながら、日本を含む西側諸国の関心がウクライナ戦争とガザ戦争に集中する中で、シリア、イエメン、コンゴ、スーダンなど、大規模な内戦により膨大な数の人々が苦しむ地域への関心と支援はむしろ薄れている（この状況への厳しい抗議の声の一例として、cf. Linda Thomas-Greenfield, "The silence on Sudan is unforgivable," in *The New York Times*,

International Edition, March 19, 2024, pp. 1, 13)。

［シリアについては、前項⑴一〇八頁の角括弧内追記で触れたように、二〇二四年一二月のアサド政権崩壊により、国際社会の関心が一時的に復活したが、安定的体制移行がなされるかどうかいまだ不透明であるにも拘わらず、「内戦は終了した」というイメージが、かえってシリア危機を過去のものとして忘れさせていく恐れもないわけではない。］

特に、アフリカ諸国の苦境に対する西側諸国の関心とコミットメントの低下は、ロシアのウクライナ侵略を厳しく批判し対露制裁を強化する西側諸国の大義に対してアフリカ諸国の政府と国民のシニシズムを強め、親ロシア的姿勢をアフリカ諸国に広める要因になっている。この点を西側諸国の政府と国民はもっと自覚しなければならない。

⑶　ウクライナ戦争とガザ戦争の危険信号——国際社会の法と正義の危機

以上の留保を付した上でだが、ウクライナ戦争とガザ戦争は、武力行使を法と正義の統制の下に置こうとする人類の長年の企てに対して、やはりきわめて重大な危険信号を発していると言うべきである。なぜなら、この二つの戦争においては、人類のこの企てに対して特別の責任を負うことを国際社会から期待されている主体が、この企てを昂然と裏切っているからである。

ウクライナ戦争においては、ロシアという国連安保理常任理事国が、隣国ウクライナをその首都の制圧さえ試みる形で公然と侵略し、ウクライナ全土の民間人と民間施設に対し無差別攻撃を執拗に続け、武力行使を規制する国際法秩序の根幹を掘り崩そうとしている。米国のイラク侵攻も同様な暴虐であったが、それを批判したロシアが同じことをして恥じないのは、国際社会において法と正義など、強国の利益の前では屈すべしという覇道的シニシズムをさらに跋扈させるものである。

ガザ戦争においては、ポグロムやホロコーストという「ユダヤ人の受難」の歴史を背負うことで、戦争犯罪や人道に対する罪を糾弾し抑止する法と正義の代弁者たることを標榜してきたイスラエルが、自衛権行使の名目で正当化できる範囲をはるかに超えてガザの民間人・民間施設を無差別攻撃し、国際人道法を有名無実化しようとしている。他でもなくイスラエルという国家がこのような暴虐に走るのは、反ユダヤ主義を再燃させるだけでなく、二度の世界大戦を含む悲惨な戦乱の歴史を通じて人類が形成してきた「戦争犯罪」や「人道に対する罪」といった概念に対し、それらが自己の「被害者性」によって「加害者性」を隠蔽合理化する欺瞞的なイデオロギー装置に過ぎないというシニシズムを蔓延らせる恐れがある。

以下では、このような危険信号を発するこの二つの戦争について、何が核心的問題かを明らかにしておきたい。勃発時点の先後関係は逆になるが、ガザ戦争から先に検討する。積年のパレスチナ問題に根差すという点では、この戦争の方がウクライナ戦争より古く長い歴史をもつとも言えるからである。

二　ガザ戦争の背景、責任、そして出口

(1)　ハマースによる一〇・七イスラエル侵攻の背景

■パレスチナ問題の根

パレスチナ問題の根は深い。第一次大戦の戦後処理に関するいわゆる「英国の三枚舌」が、この地における領土紛争の種をまいた。英国は一九一五年のマクマホン宣言でアラブ人（パレスチナ人を含む）の独立を、一九一七年のバルフォア宣言でパレスチナの地におけるユダヤ人国家の建設を約す「二枚舌」を弄しつつ、さらにフランスとはオスマントルコ帝国領土分割の一環としてパレスチナを共同統治する密約――一九一六年のサイクス・ピコ協定が

それで、この協定は当初英仏露間の密約だったが、ロシア革命後のロシアの脱落で英仏密約となった――を結んだのである。

第二次大戦後、ユダヤ国家とアラブ国家にパレスチナを分割する国連総会決議がなされたが、これはユダヤ人の人口がパレスチナ人の三分の一に過ぎないにも拘わらず五割強の領土をユダヤ国家に与えるもので、アラブ側は大いに反発し、イスラエル建国後も一九四八年に中東戦争が勃発した。その過程で、七〇万人から八〇万人と言われるパレスチナ人主体のアラブ系住民がパレスチナから追放される「ナクバ（大破局）」の惨事も発生した。

中東戦争は断続的に繰り返され、一九六七年にエジプトのナセル大統領が率いるアラブ側とイスラエルの間で第三次中東戦争が勃発したが、軍事力において圧倒的に優るイスラエルが一週間でアラブ側を制圧した。イスラエルは第三次中東戦争終了後も、占領地からの撤退を求める国連安保理決議を無視して、占領地に軍政を敷き続け、ユダヤ人入植地を拡大させた。これがパレスチナ・アラブ側の武闘派勢力の台頭をさらに促進し、一九七三年、ユダヤ歴で最も神聖な「ヨム・キプール（贖罪の日）」にイスラエルが奇襲されて第四次中東戦争が勃発した。

エジプト・シリアを主体とするアラブ諸国は第三次中東戦争までの軍事的敗北の雪辱を果

たすべく、軍事力を強化させていたため、アラブ側の戦力を過小評価していたイスラエルは苦戦を強いられたが、米国の支援を得て最終的に形勢を逆転させて一九七九年に戦争を終結させた。しかし、「イスラエル不敗神話」は崩れ、ゴラン高原はイスラエルが併合する一方、シナイ半島のエジプトへの返還が実現した［ゴラン高原併合はイスラエルが一方的に主張しているだけで、国連安保理決議四九七号で無効とされており、国際社会が承認しているわけではないが、二〇一九年に、トランプ政権下の米国がゴラン高原に対するイスラエルの主権の承認を求める声明を文書で発した（参照、https://news.yahoo.co.jp/expert/articles/4022b4589117fd1ba537a9fe1eb931065ba9f2d3）］。

「ヨム・キプール戦争」とも呼ばれる第四次中東戦争は、イスラエルにとっては「神聖な日を汚された上に、自国が大きな戦禍を被った苦い勝利」であり、屈辱の記憶を伴った。今般、二〇二三年一〇月七日のハマースによるイスラエル侵攻――以下、「一〇・七侵攻」と略記――について、ハマースがそれを準備しているとの情報がイスラエル側に事前に流れていたにも拘らず、イスラエルの政府・軍はハマースの軍事能力を過小評価したために防戦体制の強化を怠っていたことが、ハマースのイスラエル領土進入を簡単に許し、多数のイスラエル民間人虐殺――当初一、四〇〇人と伝えられたが、後に一、二〇〇人に訂正――と二五〇人の人質拉致という戦禍に導いた原因であるとされている。そのため、一〇・七侵攻を「ヨム・キプール」の屈辱と重ねて、政府・軍の責任を問う声もイスラエルでは強い（cf. Bret Stephens, "End control of Gaza by Hamas now," in *The New York Times*, International Edition, October 9, 2023, pp. 1, 10)。

■なぜハマースは一〇・七侵攻に突き進んだか

以上、第四次中東戦争までのパレスチナ問題の歴史を素描したが、ガザ戦争の現状と将来を考えるには、ハマースの一〇・七侵攻の背景をなすもう少し「近過去」の状況を理解しなければならない。これに関して再確認すべきなのは、特に次の点である。

第一に、パレスチナの政治勢力は、アラファトが設立した政党ファタハを中核としヨルダン川西岸地区を支配するパレスチナ自治政府――パレスチナ解放機構（ＰＬＯ）から統治機能を継承して発展した行政組織――と、ガザ地区を実効支配するハマースに分裂している。この分裂はパレスチナ人社会内部の政治抗争によるものであると同時に、パレスチナ人を分裂させることでその力を割くというイスラエルの分割統治政策により固定強化されてきた。

第二に、ノルウェー、米国の仲介で、一九九三年に、イスラエルとＰＬＯの間で、イスラエルを国家として、ＰＬＯを自治政府として承認し、イスラエルが占領地域から撤退することを約した「オスロ合意」が結ばれ、一九九五年に「オスロⅡ」の合意で、自治地域拡大、自治政府の議会・統治機構議長（大統領職）の選出が定められたが、合意締結を推進したイスラエルのラビン首相の暗殺、ハマースをはじめとするイスラム原理主義勢力の和平破壊テロ工作、パレスチナの民衆暴動（第二次インティファーダ）とイスラエルによるその武力鎮圧などで、この合意を実現するためのオスロ・プロセスは二〇〇〇年に決裂した。

第三に、その後、イスラエルとパレスチナ――以下、「パレスチナの地」でなく単に「パレスチナ」と言うときは、イスラエルと対抗するパレスチナ人社会とその政治組織を意味するものとする――の断続的武力衝突、パレスチナ内部でのファタハとハマースの内戦、二〇〇八年‐二〇〇九年のイスラエルとハマースとの間のガザ紛争などが続き、パレスチナ問題は膠着したが、トランプ政権［二〇一七‐二〇二一年の第一次トランプ政権］の下で、米国はパレスチナを無視軽視する次のような一連の「打開策」を打ち出してきた。

まず、イスラエルとパレスチナとの係争地であるエルサレムをイスラエルの首都とみなして、そこに在イスラエル米国大使館を移転し、占領地の一部割譲を望むイスラエルの主張に傾斜した和平案推進に動いて、パレスチナの反発を招いた。さらに、二〇二〇年には、米国は、パレスチナを外して、アラブ首長国連邦、バーレーン、モロッコ、スーダンなどアラブ諸国とイスラエルの間で国交正常化を図る「アブラハム合意」の締結を仲介した。これらのアラブ諸国はイランと対立しており、イランに対する安全保障政策への米国の支援を期待してこの合意に参加した。同じくイランを警戒するサウジアラビアにも米国は合意参加を働きかけている。

ハマースの一〇・七侵攻の直接の政治的動機となったのは、第三点としてあげた政治情勢だと見られている。パレスチナを外して、イスラエルを国家として承認し、国交正常化を図るアラブ国家が増えれば、パレスチナはアラブ世界から見捨てられて孤立する。イスラエル民間人を殺戮する侵攻でイスラエルを挑発し、イスラエルにガザへの大規模な報復攻撃をさせ、多くのパレスチナ住民をイスラエル軍に殺戮させれば、アラブ世界の住民の反イスラエル感情が昂揚し、イスラエルとの国交正常化を進めていたアラブ諸国家はそのプロセスを中断ないし放棄せざるを得なくなるという政治的計算がハマースにあったと見られている（cf. Steven Erlanger, "A full-scale Israeli conflict could upset U.S. diplomacy efforts with Saudi Arabia," in *The New York Times*, International Edition, October 9, 2023, pp. 1, 5; Bret Stephens, "They profit from deaths on both sides," in *The New York Times*, International Edition, October

16, 2023, pp. 1, 14)。

(2)　ガザ戦争の国際法的・戦争正義論的評価

以上の背景を踏まえた上で、ガザ戦争を国際法・戦争正義論の観点から見るなら、いかなる評価をなすべきか。

■ハマースの戦争責任

ハマースによる一〇・七侵攻は、開戦法規上も交戦法規上も国際法的に違法な武力行使であると言わざるを得ない。占領地におけるイスラエルの居座りや、アブラハム合意への反発など、ハマース側には現状に対する強い政治的不満があるが、政治的不満を解消するために現状を武力で変更することは、国策遂行手段・紛争解決手段としての武力行使を違法化する国際法の開戦法規に反する。

イスラエルはガザ地区を封鎖したと言われるが、エジプトとの国境を貫通する地下トンネルを経由した交易ルートは開かれており、ハマースは民生物資だけでなく大量の武器も調達できた。地下都市とも言えるあの稠密かつ長大なトンネル網を建設するのは膨大な物資を必要とするが、ハマースはそれも調達できたのである。イスラエルにとってガザ地区を囲む壁は、ガザ地区への物資の流入を途絶させるためのものではなく、ガザ地区からイスラエル領土への兵の侵攻を防ぐためのものであった。

いずれにせよ、先制的な武力攻撃をイスラエルに加えたのはハマースであってイスラエルではない以上、ハマース側には開戦法規違反がある。さらに、ハマースがイスラエル領土に侵入した後、兵の配備が薄かったイスラエル側の隙をついて、民間人約一、二〇〇人を虐殺し、二五〇人の民間人を人質にとるという非戦闘員への無差別攻撃をしたことは、あからさまな交戦法規違反である。

■イスラエルの戦争責任

それでは、ハマースの侵攻に対するイスラエルの反撃をどう評価すべきか。この問題を考えるための規範的前提として、カナダの戦争史家で防衛問題研究者、ウォルター・ドーンは、武力行使の正当性に関して正戦論の伝統と国際法が発展させてきた以下の七つの「由緒ある基準群（a time-honored set of criteria）」を挙げている。すなわち、①「正当原因（just cause）」、②「正当な意図（right intent）」、③「正統権威（legitimate authority）」、④「正味利益（net benefit）または成功の蓋然性（likelihood of success）」、⑤「最終手段性（last resort)」、⑥「手段の比例性（proportionality of means)」、⑦「非戦闘員識別（noncombatant distinction)」である。

①は正当な開戦理由（自衛権行使が基本）の存在、②は武力行使が平和の長期的確立以外の短期的・利己的な政治的利得や復讐を目的としないこと、③は武力行使が合法的政府など政治的正統性をもつ主体によってなされること、④は武力行使が安全保障上の脅威をかえって高めるのではなく減殺・除去する実益をもつこと、⑤は防衛目的達成のために武力行使に代わる他のより実効的な手段がないこと、⑥は武力行使による民間人死傷者・民間施設破壊など民間被害がその軍事的利益を超えないこと、⑦は戦闘員と民間人を識別して、戦闘員攻撃による民間人の付随的被害を最小限にとどめることである。

ドーンは、ハマースの侵攻に対するガザへのイスラエルの反撃について、①と③の基準は満たしているが、他の五つの基準については充足していないと批判している。彼によれば、ネタニヤフ政権はオスロ合意が模索したようなパレスチナ人との平和共存プロセスを斥け、西岸入植地拡大を続けてきたが、ガザ戦争でパレスチナ人の土地のさらなる没収を狙っており、②に反する意図を示している。パレスチナ住民を大量に犠牲にする攻撃で、アラブ諸国の怒りと憎悪を高め、ハマースを潰したとしても他の過激派勢力による攻撃を促進し、紛争を拡大するリスクを高めているから、④に反する。イスラエルは一時的休戦を超えた停戦交渉を拒否し続けているから、⑤に反する。特に⑥と⑦については、ドーンは、ガザの市街地を広範に破壊し、住民に多大な犠牲を課し、国際社会の人道支援を阻害しているイスラエルの戦闘行為を厳しく断罪しており、これを続行するなら、イスラエルの政治家・軍人が国際刑事裁判所による戦争犯罪訴追・処罰の対象になるだけでなく、イスラエルという国家の外交的・経済的利益も損なわれると警告している。Cf. A. Walter Dorn, "Measuring the theory of a 'just war'," in *The New York Times*, International Edition, November 14, 2023, pp. 1, 10.

ドーンによるイスラエルのガザ攻撃の国際法的・戦争正義論的評価は妥当であろう。イスラエルのガザ攻撃は、正当な開戦理由の存在という開戦法規上の要請は満たしているが、国際人道法を中核とする交戦法規は著しく蹂躙しており、自衛のための正当な軍事的利益追求を超えた武力行使の濫用の抑止を求める戦争正義論の要請にも反している。

(3) 戦争責任におけるイスラエルとハマースの共犯性

■イスラエルとハマースの指導者に対する国際刑事裁判所への逮捕状請求

上記の規範的評価に沿うものだが、二〇二四年五月二一日に、国際刑事裁判所（ＩＣＣ）のカーン主任検察官は、ハマースのガザ地区指導者シンワルと最高幹部ハニーヤ、軍事部門最高責任者ムハンマド・ディフら三人に加えて、イスラエルのネタニヤフ首相とガラント国防相［当時］に対しても、戦争犯罪や人道に対する罪の疑いで、国際刑事裁判所に逮捕状を請求する旨、発表した（参照、https://www.cnn.co.jp/world/35219125.html）。逮捕状が発行されたとしても、イスラエルは国家としてＩＣＣに加盟していないため、ネタニヤフらが実際に逮捕される可能性は低いが、加盟国にネタニヤフ首相が訪問すれば逮捕される危険性があるから、その外交活動は大きな制約を受けることになる。

［二〇二四年一一月二一日に、ＩＣＣはイスラエルのネタニヤフ首相とガラント国防相に逮捕状を発行した。ハマースについては、ハニーヤとシンワルはいずれもイスラエルによって殺害されていたため、ディフに対してのみ逮捕状を発行した。イスラエルはディフも殺害したと主張しているが、ハマース側はこれを否定している（参照、https://mainichi.jp/articles/20241121/k00/00m/

030/277000c)。]

イスラエル政府やハマースがこれに反発しているのは不思議ではない。しかし、米国のバイデン大統領が、ネタニヤフ首相に対し、国際的非難が高まっているガザの民間人被害拡大の自制を求め、自制しないなら支援縮減を検討すると表明しても彼に無視されていたにも拘わらず(参照、https://www.asahi.com/articles/ASS593R8DS59UHBI01CM.html)、カーン主任検察官によるイスラエル首相への逮捕状請求に対し、言語道断と反発しているのは奇妙である。

バイデンがネタニヤフ首相に対する逮捕状請求を非難するのは、ガザ攻撃はジェノサイドではないというのが理由のようだが、軍事的利益を超える大量の民間人被害を出す無差別攻撃は、ジェノサイドの定義に該当するか否かに拘わらず、戦争犯罪である。バイデンが民間人被害縮減圧力をネタニヤフにかけてきたのは、それが分かっていたからだろう。それにも拘わらずネタニヤフはバイデンの要請を撥ねつけてきたのだから、ネタニヤフにお灸をすえるためにも、バイデンは彼を擁護するような発言は控えるべきだった。そもそも、米国はICCに加盟しておらず、逮捕状が発出されたとしても、訪米したネタニヤフを逮捕する義務など負わないのだから、口を出すべき立場にはない。[米国はプーチンに対するICCの逮捕状発出を歓迎していた点で、バイデンの態度は二重基準的欺瞞を示すという問題も孕むことについては、プロローグ注（2）参照。］

■ガザ戦争をめぐる米国世論の分断

バイデンの反応は、二〇二四年一一月の大統領選を前にして、米国内の年長世代で圧倒的に多い親イスラエル派有権者やユダヤ・ロビーの反発を避けたいという政治的考慮に基づくものかもしれない。しかし、他方で、彼がネタニヤフ首相にガザ民間人攻撃自制圧力を高めている背景には、米国では若い世代を中心に、ガザ住民に甚大な被害を与える攻撃を止めないイスラエルとそれを支援する米国の政府や社会経済的支配層に対する反発が昂揚している状況もある。ハーヴァード大学、スタンフォード大学など有名大学で一〇・七の後、イスラエルによるガザ住民への攻撃に対して、かなり早い時期から抗議運動が起こっていたが、二〇二四年四月下旬、コロンビア大学で反イスラエル運動勢力がキャンパスを占拠し、大学当局が警察を導入して大量の逮捕者を出す事件が発生した後、反イスラエル運動が過激化して全米の多くの大学に広がった（参照、https://www.nikkei.com/article/DGXZQOGN294G30Z20C24A4000000/）。

ガザ戦争をめぐって、親イスラエル派と反イスラエル派に米国の世論は分断されており、しかもその亀裂は、反トランプの立場に立つ民主党支持者たちを分裂させるもので、二〇二四年一一月の大統領選でトランプに「漁夫の利」を与える可能性が、トランプの政権再獲得を恐れる人々――私もその一人だが――によって懸念されている［この懸念は現実化した］。

しかし、米国の国内政治への影響の問題は別として、ガザ戦争の規範的評価の観点からは、親イスラエル派だけでなく、反イスラエル派にも問題がある。

反イスラエル抗議運動に参加する人々は、イスラエルによるガザ攻撃の非人道性を厳しく批判するが、イスラエルを糾弾するその声で、ハマースを同時に、同程度の強さで断罪することはしていない。いわゆるＢＬＭ運動――「黒人の生命は重い（Black Lives Matter）」という標語の略称で示される政治運動――に参与する者たちの中には、イスラエルのパレスチナ住民抑圧を白人の黒人差別と重ねて、一〇・七侵攻の直後、ハマースをイスラエルによる抑圧からのパレスチナの解放者として英雄化して賞賛する者もいた（参照、https://mainichi.jp/premier/business/articles/20240215/biz/00m/020/005000c）。そこまではいかないにしても、ハマースによるイスラエル民間人虐殺をイスラエルのパレスチナ人抑圧が招いた「窮鼠猫を噛む」的行動として不問に付す者が多い。

しかし、パレスチナ問題について、イスラエルを抑圧者、パレスチナ人を被抑圧者と見る図式が基本的に正しい——私はそれを認める——としても、ハマースの蛮行を是認ないし黙認すること、さらにはハマースをパレスチナ人の正当な権利を回復する「パレスチナの救済者」とみなすことが許されるのかどうかは、まったく別問題である。

■イスラエルとハマースの政治的共棲関係

この「別問題」については、私は「否」と答えざるを得ない。ハマースは、パレスチナ人を結束させてイスラエルと政治的交渉を進めることにより、パレスチナ人の独立と統一を達成してイスラエルとの平和共存をめざす政治勢力であるとは到底言えない。むしろ、ハマースは「イスラエルとパレスチナとの妥協なき熾烈な生存闘争」を永続させることについて、イスラエル右派勢力と「暗黙の契約」を結び、パレスチナ人を終わりなき戦乱と流浪の苦境に置き続け、ユダヤ人への憎悪を再生産し続けることに自らの存在理由を見出す勢力である。そう考える理由は以下の通りである。

第一に、ハマースはその憲章に「ユダヤ人の殲滅」を掲げ、PLOがイスラエルと締結したオスロ合意をはじめ、イスラエルとパレスチナの公正な平和共存の枠組の構築をめざす政治的プロセスを決裂させてきた。この点で、パレスチナ人から土地を奪いユダヤ人の入植地を拡大するという逆の目的のために、同じくこの平和構築プロセスを破綻させてきたイスラエル右派勢力と「意図せざる共犯関係」にある。二〇一七年にハマース憲章からは「ユダヤ人の殲滅」という過激な言葉は削除されたが、イスラエル国家の承認を拒否しイスラエルと闘争する姿勢は変えていない（参照、https://www.bbc.com/japanese/39775880）。

第二に、ハマースとイスラエル右派勢力との関係を「意図せざる共犯関係」と呼んだが、実はそれを越えて、政治的に意図されている側面もある。既述のように、ガザをハマースに実効支配させ、西岸を統治するパレスチナ自治政府と対抗させて、パレスチナ人を分割統治することがイスラエルの狙いである。労働党と並ぶイスラエルの二大政党の一つリクードを率いて何度も首相を務めてきたネタニヤフは、ガザからのイスラエル軍撤退に当初反対したが、結局、この分割統治政策を受け入れた。パレスチナ人勢力を分断できるだけでなく、ガザを軍政で直接統治するコストを削減できるからである。ハマースが軍事力を高めすぎたと見ると、「伸びすぎた芝を刈る」程度にその切り詰めを試みるが根絶はしないという、イスラエルで「芝刈り」とも呼ばれる政策で対応してきた（参照、https://www.sankei.com/article/20231102-OBCYWEDFC5KGTIXRTHNKP45S3U/）。

これは、ハマース側にとっても、パレスチナ自治政府からガザ地区の実効支配力を奪取することをイスラエルが承認し支持してくれる点で「美味しい取引」だった。地表に出る茎を延ばさずにトンネルという地下茎を延ばしてゆけば、イスラエルに気付かれず軍事力増強もできる。

ハマースとイスラエルとの「意図された政治的共犯関係」を示す事実も報道されている。アラブ世界でハマースの最大の支援国家はカタールであるが、イスラエル政府は、表向きはカタールのハマース支援を非難してきたが、CNNがイスラエルの調査報道NPOショムリムとの共同取材により明らかにしたところによると、一〇・七侵攻の前まで、ネタニヤフは、イスラエル政権内部の反対を押し切って、カタールによるハマースへの資金援助を容認し続けてきた。ネタニヤフはハマースがパレスチナ自治政府の実効的な対抗勢力になれば、パレスチナ国家の創設を阻止できると期待していたという（参照、https://www.cnn.co.jp/world/35212695.html）。

ハマースによる一〇・七侵攻はネタニヤフにとって想定外で、彼の政権に対するイスラエル国民の批判が高まったが、その結果、イスラエルではパレスチナ国家承認を支持する世論は少数派になり、ネタニヤフの思惑が実現している（参照、https://www.sankei.com/

article/20240523-N5YNWGVMTZMU7HANI5P2KBRF6A/)。これはネタニヤフとハマースとの「意図された政治的共犯関係」が産んだ、ネタニヤフ（およびイスラエル右派）にとっての「意図されざる政治的果実」である。

■ガザ住民犠牲に対するハマースの加担

第三に、ハマースはイスラエルに対して、多数の民間人を虐殺し人質にするという戦争犯罪を実行しているだけではなく、イスラエルのガザ住民に対する戦争犯罪にも共犯者として加担していると言わざるを得ない。ハマースは地下トンネルを病院・学校など民間施設の下に貫通させ、これら民間施設に武器を収納するのみならず、その一部に軍事的連絡拠点――司令部か否かは未確定だが――も置き、民間人・民間施設を「人間の盾」として戦争目的で利用している。

イスラエル軍に対して、破壊力のもっと小さい爆弾を使用して民間人被害を減らすべきだったという批判がされているが、いずれにせよ、イスラエルによる自衛権行使としてのハマースの軍事目標に対する攻撃が少なからざる民間人被害を伴わざるを得ない状況を作ったのは、民間人・民間施設を人間の盾にしたハマースである。

ガザ住民に対するイスラエルの戦争犯罪に対するハマースの共犯性は、軍事施設の配備の仕方だけではなく、一〇・七侵攻の政治的目的によって示されている。既述のように、一〇・七以前には、アブラハム合意以降、パレスチナを外して、米国の仲介でイスラエルとアラブ諸国の国交正常化を図るプロセス——「アブラハム・プロセス」と呼ぶことにする——が進行していた。ハマースは、これによりパレスチナがアラブ世界から見捨てられて孤立するのを恐れていた。一〇・七侵攻は、イスラエルを挑発して多数のガザ住民被害を伴う大規模な報復攻撃をさせることにより、アラブ諸国の反イスラエル感情を昂揚させ、このアブラハム・プロセスを決裂させる狙いでなされたと見られている。

実際、一〇・七侵攻の後、イスラエルがガザ攻撃を激化させたのに応じて、アブラハム合意に参加していた諸国もイスラエルとの国交正常化プロセスを中断し（参照、https://www.nikkei.com/article/DGXZQOGR02E6Z0S3A101C2000000/）、参加を検討していたアラブの主軸国サウジアラビアも一旦、検討を棚上げした（参照、https://jp.reuters.com/world/security/WT2DX3GMVJKU5OHIUPYLDAZBKA-2023-10-16/）。ハマースの思惑はこの点では実現したのである。

また、一〇・七侵攻直後のハマースの常軌を逸した蛮行も、上述の狙いによると見るなら、政治的に理解可能である（もちろん、法的・道徳的には許容不可能だが）。ハマースは一〇・七侵攻において最初からイスラエル民間人を主たる攻撃目標にして、数日間で約一、二〇〇人もの民間人を虐殺したばかりか、残酷な虐殺場面を動画や写真で撮影しさえした（参照、https://www.bbc.com/japanese/video-67633717）。これは、一見すると、厳しい国際的非難を招いて自らの形勢を不利にする愚行であると思われる。しかし、イスラエルの政府と国民を激昂させ、「一〇倍返し」、ないしそれ以上に大規模なガザ住民被害を伴う報復へとイスラエルを挑発してアラブ世界の反イスラエル感情を昂揚させるためだったと見るなら、冷酷な政治的打算、したたかな狡知として理解できる。実際、アラブ諸国の世論だけでなく国際世論全体もいま、ハマースよりもイスラエルに対して非難を高めており、ハマースはこの点でも政治的目的を実現できたと言える。

このように見るなら、一〇・七侵攻は、膨大な数のガザ住民を犠牲にすることを最初から計算した上でなされた、ハマースによる「住民総動員的自爆テロ」とも呼べる攻撃だったと言える。ガザ住民に対する戦争犯罪の主犯はイスラエルだが、以上述べた意味において、ハマースも共犯者である。ガザ住民を人間の盾にした上で、この人間の盾を破壊する報復へとイスラエルをけしかけた点で、ハマースはイスラエルと同等の非難に値する。

(4) パレスチナ問題の解決とガザ戦争の出口戦略

■「二国家解決」なくしてパレスチナ問題の抜本的解決なし

ガザ戦争は、パレスチナ問題の積年の矛盾を噴出させている。悲惨な被害をイスラエルとガザ双方の民間人にもたらしているが、それだけに、パレスチナ問題の抜本的解決の必要を世界に改めて痛感させてもいる。

パレスチナ問題の抜本的解決は、ハマースが求めるような、パレスチナの地図からイスラエル国家を抹消する「最終解決」でもなければ、イスラエル極右勢力が求めるようなパレスチナの地からアラブ人を追放する「最終解決」でもありえない。このような両極の「最終解決」の追求は、パレスチナの地をユダヤ人とアラブ人の終わりなき生存闘争の修羅場とし、パレスチナ問題を解決するどころか永続化させるだけである。さらにはこの永遠闘争は、パレスチナ問題を周辺地域も巻き込む紛争拡大の火種にし続けるだろう。

パレスチナ問題の真の抜本的解決の方途は、既に、衆人の目に明らかとなっている。いわゆる「二国家解決（Two-state solution）」である。二国家解決の柱は二つである。第一に、パレスチナ人の国家をイスラエルと国際社会が承認するとともに、イスラエル国家をパレスチナ国家とアラブ諸国とが承認し、パレスチナの地で二つの国家が平和共存する。第二に、イスラエルは西岸の占領地から撤退するとともに、ガザをハマースに支配させてパレスチナ自治政府と対立させてきた従来の分断政策も止めて、西岸とガザをパレスチナ国家の統一政府の管轄に委ねる。

パレスチナ自治政府とイスラエル国家が相互承認し、イスラエルが占領地から段階的に撤退するという一九九三年のオスロ合意と一九九五年のオスロ合意Ⅱに基づくオスロ・プロセスは、パレスチナ国家承認問題に明確なコミットメントをしていないが、その延長線上に二国家解決を見据えることを十分期待させるものであった。それが決裂した後、パレスチナを蚊帳の外においてアラブ諸国とイスラエルの国交正常化を図るアブラハム・プロセスが、イランと対立するアラブ諸国を取り込んでイランの封じ込めを図るトランプ政権下の米国の中東政策と、イスラエル右派の利害が一致して推し進められようとしたが、既述のように、その帰結が今般のガザ戦争である。

この失敗から学ぶべき教訓は明らかである。二国家解決を明確に到達目標に設定した上で、その段階的実現を図る新たなオスロ・プロセスを開始することである。この新オスロ・プロセスが、ガザ戦争の出口戦略と直結していることを、以下、説明しよう。

■「二国家解決」なくしてガザ戦争の出口なし

ネタニヤフ政権は、ハマース殲滅を最優先して多数の避難民が移動しているガザ南部に攻撃を拡大し、ラファの難民キャンプまで二人のハマース幹部が紛れているという理由で空爆して子供も多く含む四五人の民間人を殺害している（参照、https://www.asahi.com/articles/ASS5X417S5XBQBQ155M.html）。このような戦争犯罪を累積させることが許されないのはもちろんだが、更なる問題がある。そうまでして、ガザからハマースを一掃できたとしても、その後、持続可能な平和を実現するために必要なガザの統治構造とパレスチナ問題解決案について、すなわち、戦争の出口戦略について、ネタニヤフは何ら明確な計画を示しておらず、むしろ、その提示を拒否しているのである。

ガザ戦後統治計画の欠損については、政権内部からも、ヨアブ・ガラント国防相がネタニヤフ首相を批判しており（参照、https://www.newsweekjapan.jp/stories/world/2024/05/post-104507.php）、さらに、戦時内閣閣僚であるベニー・ガンツ元国防相もガザ戦後統治計画が示されなければ、戦時内閣から離脱すると警告している（参照、https://www.nikkei.com/article/DGXZQOGR191NA0Z10C24A5000000/）。しかし、ネタニヤフはハマース殲滅の優先性を主張するだけで、これらの要請を突っぱねている。

ハマースの殲滅は簡単ではない。実際、既にイスラエル軍が制圧したはずのガザ北部でハマースが武装勢力を再編して活動を再開させている（参照、https://www.bbc.com/japanese/articles/c0433vz9yx3o）。イスラエル軍がガザ全域を一旦制圧できたとしても、軍政を敷いてこの地域を占領統治するなら、ハマース残党が過激派勢力を再編復活させるか、ヒズボラやそれに代わるような外部勢力が侵入して、戦闘が執拗に続くだろう。ガラント国防相はそれが分かっているから、ガザの戦後統治についてイスラエル軍による占領統治を拒否し、それに代わる統治計画を示すことをネタニヤフ首相に要求したのである。

〔二〇二四年六月九日、ガンツ元国防相が、ガザ戦後統治計画の提示を拒否し続けるネタニヤフ首相に抗議して戦時内閣の閣僚ポストを辞任した（参照、https://www.bbc.com/japanese/articles/c7221n8v8pzo）。また、同年一一月五日、ネタニヤフ首相は、ガラント国防相を解任した。後者が戦後統治計画の不在を批判し、右派勢力の要求に傾斜したネタニヤフの人質交渉における非妥協性と超正統派ユダヤ教徒の兵役免除継続方針も批判したため、信頼関係が崩壊したというのが理由である。国防相後任にはタカ派のイスラエル・カッツ外相が就任し、外相の後任にはネタニヤフの盟友ギデオン・サーアが就任する（参照、https://www.bbc.com/japanese/articles/ce8yze62pv8o）。これで、ネタニヤフ政権は出口戦略なしの戦争続行に対する内なる制止者を失った。」

ガザの戦後統治を安定させ平和回復するには、ハマースの支配を覆すだけでなく、イスラエル軍が撤退して、ハマースに代わりパレスチナ人とアラブ諸国から正統性を認知されるような統治機構をガザに確立することが必要である。本来なら、西岸を支配するパレスチナ自治政府にガザ統治を委ねるべきだろうが、現在八八歳のアッバース議長（自治政府大統領）は高齢で無能とみなされ、自治政府は西岸におけるイスラエルの入植地拡大を押さえる政治的実力もなく、さらに内部に汚職・腐敗もあって、現在の状態ではパレスチナ人の支持も十分高いとは言えず、ガザ統治能力も不十分と見られている。

ただ、ハマースのような過激勢力の排除を求めるアラブ諸国はサウジアラビアをはじめ少なからず存在するので、イスラエル軍撤退後のガザの治安維持には、暫定的にはこれらアラブ諸国が「アラブ平和維持部隊」などを派遣することにより協力できるだろう。イスラエルの軍政よりはアラブ諸国の多国籍軍による治安維持の方がパレスチナ人にとっても受け入れやすいはずである。しかし、同じアラブ人とはいっても外国軍による統制の永続は望ましくなく、自治政府には有能な人材もいると見られるので、アラブ諸国の支援も得て自治政府の統治機構を改革強化し、段階的にガザ統治を自治政府に移管するロードマップが必要になる。

ガザ戦争で挫折したものの、アブラハム・プロセスでイスラエルは、イスラエルの存在を容認しないイランと対抗する一定のアラブ諸国との国交正常化を進めようとした。ガザの戦後統治計画に、このようなアラブ諸国の協力を求めることは、イスラエルにとっても、中断したアラブ世界との関係正常化を復活させ、自国の安全保障を強化するとともに豊かなアラブ諸国との経済交流を活性化する点で、自国の利益にも適うはずである。

しかし、ガザ統治と自治政府再建にアラブ諸国の協力を得るためには、パレスチナ国家の承認を最終目標として設定する必要がある。パレスチナ国家樹立は元々アラブ諸国が求めていたことであるし、ガザ戦争から、パレスチナ問題を棚上げしたイスラエルとの国交正常化は不可能であることをアラブ諸国も学習したであろう。実際、サウジアラビアは一旦中断したイスラエルとの国交正常化交渉を米国の仲介で再開しているが、パレスチナ国家樹立への道筋を示すことを強く要求している（参照、https://www.yomiuri.co.jp/world/20240503-OYT1T50006/）。

(5)　戦争の出口を塞ぐ者と開く者

■戦争の出口を塞ぐネタニヤフの政治的自己保身

以上において見たように、二国家解決をめざす新オスロ・プロセスは、ガザ戦争を実効的に終結させる出口戦略と不可分なのである。かつて米国はイスラエルと協調してパレスチナ国家承認に反対していたが、いまやバイデン政権は二国家解決をパレスチナ問題解決とガザ戦争終結に必要不可欠とみなし、ネタニヤフ政権に、二国家解決を受容するよう働きかけている（参照、MWR_2024_06USSaudideal20240514_2.pdf（marubeni.com））。しかし、ネタニヤフ首相はこれに強固に反対している。

ネタニヤフの問題は、二国家解決に至るロードマップを拒否していると同時に、それに代わるガザ戦争からの出口戦略となるような明確なガザ戦後統治計画の提示も拒否していることである。ネタニヤフがこのような姿勢を取り続けるのは、彼の政治的自己保身のためとしか言いようがない。

彼は一〇・七ハマース侵攻以前から、汚職などのスキャンダル問題や、スキャンダル追及回避を動機の一部にした司法弱体化の試みで国民の批判を浴びていただけでなく、ハマース侵攻を防げなかった彼の安全保障政策の失敗に対する責任追及も強まっている。「ユダヤの力」や「宗教シオニズム」などの極右政党との連立でかろうじて政権を維持しているが、二〇二四年四月の世論調査では、ネタニヤフ退陣を求めるイスラエル人は七一%、選挙の早期実施を求めるのは六六%という結果が出ている（次段落末尾引用論説参照）。

ガザ住民被害を縮減するために攻撃の手を緩めたり、パレスチナ国家承認にコミットしたりすると極右政党の政権離脱を招いて政権を失うし、それに代わる実効的な出口戦略を提示してガザ戦争を早期に終結させても、戦時内閣に代わる政権構築のため選挙を実施せざるをえなくなり、権力の座から追われるという、「政治生命の崖っ縁」にネタニヤフはいま立たされている。もちろん、首相の座から追われれば、汚職腐敗に対する厳しい責任追及が再開される。このように、自己保身のために、民間人被害を拡大させるガザ攻撃を延々と続けてイスラエルの国際的信用を失墜させるだけで、戦争を実効的に終結させることのできないでいるネタニヤフに対しては、親イスラエル派の論客からも厳しい退陣要求がなされている(cf. Bret Stephens, "Netanyahu must go. It's that simple," in *The New York Times*, International Edition, April 12, 2024, pp. 1, 10)。

■イスラエルとパレスチナの民意

多くの子供・幼児を含むガザ住民の被害は凄惨で、ガザ住民と国際社会の怒りを増幅させているが、ハマースの一〇・七侵攻も、子供・女性・老人も多く含む無防備な一、二〇〇人ものイスラエル人を、レイプや身体切断などを伴うきわめて残酷な仕方で殺戮し、ホロコーストの民族的記憶に怯えるイスラエル人たちに強いトラウマを残している。

その結果として、イスラエル国民の間ではパレスチナ国家を承認するのは少数派になっていると言われているが、より細かく見るなら、イスラエル世論は単純にタカ派優位とは言い切れない。ヘブライ大学が二〇二三年一二月に行ったガザ情勢に関する世論調査によると「(イスラエルによる)ガザの併合とユダヤ人の再入植」について、五六%が反対し、賛成は三三%、ガザの戦後統治の在り方については、「穏健なアラブ諸国による監督」がトップの二三%で、「イスラエルによる軍政」二二%、「国際部隊による管理」一八%、「イスラエルによる併合」一八%、「自治政府による統治」一一%、「ガザで選挙の実施を求める」七%と続いている(参照、https://www.sankei.com/article/20231228-D25BIFJ7OFO4NPIOVEEKOB2C4Q/)。

この世論調査結果から窺えるように、イスラエル国民の声は分かれているが、本稿で示したような出口戦略に沿った方針を支持する声もかなり強いと言える。このような声がさらに増幅してゆくなら、イスラエル国民が二国家解決を受容する可能性も開かれてゆくだろう。

他方、二〇二四年三月のパレスチナの世論調査では、全体で七一％がハマースの一〇・七侵攻を支持しており、ハマースに対する満足度［ここで言うハマースへの満足度ないし支持とは、イスラエルのガザ侵攻に対するハマースの抗戦に対する支持で、党派としてのハマース自体に対する支持とは別］も七〇％である。ただ、ハマースへの満足度は西岸の住民で七五％と高く、ガザでは逆に六二％と低くなっている。全体にハマース支持が高いのは、イスラエルの民間人攻撃のひどさから理解可能であるが、ガザの現状を知る住民の間ではハマース支持が多少低減しているのは重要な兆候である（参照、https://news.yahoo.co.jp/expert/articles/de2476c42fee726af2880bcf57974c6c82528053）。

本稿で示したように、ガザ住民に対する戦争犯罪の主犯はイスラエルだとしてもハマースも共犯者である。このことの理解がパレスチナ人に広がれば、彼らのハマース評価も変わってゆくだろう。さらに言えば、二国家解決の実現のカギを握るのは軍事的優位に立つイスラエルであり、イスラエルが二国家政策を受け入れる姿勢を明確に示せば、ガザ住民の姿勢もその方向に変化してゆくと思われる。もちろん、ガザ戦争が生んだ憎しみと痛みを癒す時間が必要ではあるが。

■未来のための祈り

いずれにせよ、パレスチナ問題のもつれにもつれた葛藤を解きほぐす方途は二国家解決にしかない。そのことを、イスラエル国民とパレスチナ住民の双方がそれぞれの憎悪とトラウマを乗り越えて自覚し、戦争を自己の支配欲や保身願望の手段にする政治家を制御しない限り、パレスチナの地は永遠に生存闘争の修羅場であり続けるだろう。イスラエル人とパレスチナ人に次のメッセージを送って、本節を結びたい。

イスラエルの民よ、パレスチナの民よ、あなたたちの子供たちの未来に思いを馳せてほしい。あなたたちの子供たちに、あなたたちと同じように殺しあい続ける未来を押し付けたいのか。それとも、譲りあい、分けあい、互いの生を尊重しあうことによって、共存共栄できるような未来を子供たちのために開きたいのか。もし、後者を望むなら、あなたたちがいま互いに抱きあう憎悪がいかに深かろうと、互いに与えあった傷がいかに痛ましかろうと、それに耐えて、自らが愛する子供たちの未来のために、二国家解決による平和への道を受け入れてほしい。

あなたたちの憎悪と傷は簡単に忘れ去ることができるようなものではないだろう。それを忘れよとは言わない。むしろ、憎悪こそが憎悪をさらに生む原因であること、自らの傷への固執こそが、他者をさらに傷つける攻撃衝動の原因であることを自覚し続けるために、自らの憎悪と痛みがもつ毒の恐ろしさを記憶し続けてほしい。

三　ウクライナ戦争の帰趨――転変する戦況と変わらざる基層

(1)　ウクライナ戦争の実相と対露宥和主義の誤謬を再確認する

■プーチンの戦争を止められるのはプーチンではなくロシア国民である

ウクライナ戦争について、私は、前著と本書第一章において、私見を詳細に提示した。本章で私の議論をさらに敷衍するための前提として、まず、この戦争の実相と、その認識を歪める戦争言説の誤謬について、私の基本的な見方を、二点に絞って、ここで再提示しておきたい。

第一に、前著『ウクライナ戦争と向き合う』で詳論したように、ロシアのウクライナ侵攻の実相は、NATO東進帰責論が主張するような、欧米の圧迫に対して自国の安全保障と国益を確保するための「ロシアの自衛戦争」などではなく、プーチンが自己の権力維持のためにロシア国民の忠誠を調達し統制を強化する手段として始めた「プーチンの自己保身戦争」である。この侵略戦争をプーチンに止めさせ得る最終カードをもつのはロシア国民である。これ以上、戦争を続けるならロシアの国益と将来が危うくなるという危機感がロシア国民に広まり、その結果として、プーチン自身が戦争続行は自己の権力基盤を強化するどころか、掘り崩すほど国民の不満を高める危険性があることを自覚するに至ってはじめて、ロシアの軍事的消耗を回復させるための時間稼ぎの手段としての一時的休戦を超えた、本格的な戦争終結の道が開ける。

このような戦争終結にプーチンを向かわせるためには、ウクライナ侵攻がロシアに課す軍事的コスト――これは武器の損耗だけでなく、何よりも、「肉壁」として無駄死にさせられている兵士たちを含む膨大な数のロシア軍死傷者から成る――や経済的コストの甚大さをロシア国民に知らしめ、この戦争がウクライナを苦しめるだけでなく、ロシア自らの首を絞める愚行であることをロシア国民が自覚するように、ウクライナ支援と対露制裁を国際社会は維持強化する必要がある。

■侵略者への褒美の帰結は平和ではなく侵略の拡大・拡散である

第二に、ウクライナ戦争が長期化する中で、戦争の世界的拡大を懼れる者たちの間では、ウクライナ支援を停止してロシアへの領土的譲歩による停戦の圧力をウクライナにかけることを求める言説が西側諸国でも浮上している。しかし、前章で論じたように、このような対露宥和主義言説は、武力で現状を自国に有利に変更できること、「侵略はペイする」ことを認容するもので、侵略を抑止するどころか、そのインセンティヴを強化する点で、欺瞞的・倒錯的・自壊的である。

この言説は、一九三八年のミュンヘン会議でチェコスロバキアのズデーテン地方をナチス・ドイツに割譲するのを認めた対独宥和主義が、ヒトラーの侵略意志を宥めるどころか、ポーランド侵攻に向かわせ、最終的に第二次世界大戦を招いたという重大な経験から何も学んでいない点で、歴史的健忘症を患ってさえいる。

より具体的には、対露宥和主義言説は次の根本的な問題を無視している。ウクライナ戦争の長期化と拡大の危険性の原因は、ウクライナの抗戦にではなく、プーチン体制ロシアの侵略意志の執拗性にある。ウクライナがいま抗戦をやめて軍事的支配領域の現状凍結で停戦に応じたとしても、ロシアは侵略を止めるどころか、最低限、既に併合を宣言しロシアの主権下にあることを標榜しているものの、軍事的に全面占領できてはいない東部・南部四州の完全制圧を目指して戦闘を続けるのは必至だから、停戦は崩れざるをえない。

さらに、ロシアの侵略に領土拡張の褒美を与えるなら、ロシア自体の軍事的拡張主義の持続――ウクライナ領土の更なる侵奪だけでなく、他の旧ソ連構成諸国や北方領土問題を抱える日本への領土的野心も含まれる――にインセンティヴを与えるだけではない。台湾・南沙諸島・尖閣諸島に野心をもつ中国、韓国を標的にする北朝鮮など、核兵器を保有する他の「強軍主義」国家にも「軍事的攻勢はペイする」というメッセージを与えることになる。イエメンに触手を伸ばすイランは、核兵器を保有してはいないが、その潜在能力は保有しており、ドローンなどの最新兵器生産能力も高く、このメッセージをしかと受け止めるだろう。

以上、ウクライナ戦争に関してこれまで公表してきた私見の骨子をごくかいつまんで示した。本書第一章に再録した「ウクライナ戦争再説」の初稿執筆後、ほぼ一年を経過し［第二章初稿執筆時、二〇二四年五月現在］、その間、ウクライナの反攻の停滞、ロシアの再攻勢、大統領選挙におけるプーチンの勝利、米国のウクライナ支援の停滞と復活など、情勢の変動はあったが、上記のような私見は基本的には変わっていない。ただ、情勢変動に応じて敷衍すべき点はあり、以下、それについて付言したい。

(2)　プーチンは大統領選挙で本当に「圧勝」したと言えるのか？

■ロシア強硬化論の台頭

二〇二四年三月一七日のロシア大統領選挙で、プーチンは「圧勝」したと見られている。ロシアの中央選挙管理委員会の発表と国営メディアの報道によると、プーチンの得票率は八七・二八％に達し、投票率も七七・四四％である。得票率・投票率ともに、旧ソヴィエト崩壊以降のロシア大統領選挙で、過去最高だという（参照、https://www3.nhk.or.jp/news/html/20240318/k10014393961000.html）。

昨年一〇月以降の米国議会における予算審議において、共和党の反対でウクライナ支援を含む予算案が通らず、米国のウクライナ支援が停滞する中で、ロシアはウクライナへの攻勢を強めてきたが、大統領選挙における「プーチン圧勝」の追い風を受けて、ロシアはウクライナ攻撃を一層激化させた。二〇二四年四月下旬に米国議会が遅まきながらウクライナ支援予算を通過させた後も、ロシアはそれに対抗するかのように、ウクライナ北東部ハルキウ州にも戦線を拡大するなど、攻勢をさらに強めようとしている。

大統領選での圧勝でプーチンが国民的支持基盤を「安泰」にし、欧米の対露経済制裁への適応手段の開拓によりロシアの経済力が回復し、北朝鮮・イランなどからの武器輸入や自国での武器生産拡大によりロシアの軍事力が増強しているかに見えるいま、プーチンは自信を強めてウクライナ侵攻をさらに激化させ、ロシア国民もこれを強く支持するだろうから、プーチンを戦争終結に向かわせる圧力がロシア国内から生じることはないという見方――仮に「ロシア強硬化論」と呼ぶ――が強まっているようである。

「プーチンにウクライナ侵攻を止めさせられるのはロシア国民だけである」という私見は、「ロシア国民がプーチンを止めないなら、彼は止まらない」ことを含意するから、ロシア強硬化論は私見と矛盾しない。矛盾しないが、それは「ロシア国民がプーチンを止めることはない」という条件を仮定した場合の話であって、この条件が成立しているというロシア強硬化論の事実認識に私見がコミットしているわけではない。むしろ、私はこの事実認識に対して懐疑的である。懐疑的である理由は大きく言って二つある。本項(2)の後段で第一の理由を、次項(3)で第二の理由を説明したい。

■プーチン圧勝論の皮相性

第一に、大統領選の「圧勝」でプーチンの権力の国民的支持基盤が「安泰」になったというのは皮相的な見解である。そもそも、プーチンの権力に対する批判が徹底的に弾圧され、大統領選前に、反プーチン勢力の指導者であるナワリヌイが獄死させられて、「プーチンに逆らう者の末路はこれだ」とロシア国民は思い知らされた。それればかりか、立候補意志を示した者の中で唯一反プーチン姿勢を明確にし、一〇万名以上の推薦署名を集めたボリス・ナジェージュジンの候補者登録を中央選挙管理委員会が拒否し、「体制内野党」のお飾り候補者のみが認められて選挙がなされた（参照、https://www.asahi.com/articles/ASS2863VCS26UHBI032.html）。こんな大統領選挙は「公正な民主的選挙」とは程遠く、権力を本当の意味で「安泰」にするために必要な権力の「正統性」を確保する機能を有してはいない。

民主制の仮面をかぶった専制国家において、選挙は国民が為政者を選ぶためになされるのではなく、専制的な為政者が国民の「忠誠度」を調査するためになされる。そのような国家において国民に求められる忠誠を示さない投票をすること、あるいは棄権することさえ、有権者にとっては大きなリスクを伴う[12]。選挙で審査されるのは為政者ではなく有権者なのである。それを踏まえて言えば、プーチンの得票率八七・二八％、投票率七七・四四％という数字は、誇張だとして信憑性を疑う向きもあるが、仮にこれが正確だとしても、これをプーチンに対する国民の支持の強さを示すものと捉えるのは素朴に過ぎる。

プーチンへの投票は消極的支持の表明とする見方が西側では強く、恐らくその通りだろう。しかし、それ以上に重要なのは次の点である。プーチンへの投票者の有権者全体に対する比率を見るなら、それは七割に満たない（七七・四四％×八七・二八％≒六七・六％）。すなわち、有権者の三割強が棄権またはプーチン以外の候補への投票によって、プーチンへの投票を拒否したのである。反プーチン候補が排除された状況では、有権者にとっては、親プーチン派の他の候補への投票ですら、「オブラートに包まれたプーチン不支持の意志表示」になる。

プーチン体制批判がこれだけ弾圧され、プーチン不支持意志表明が人々にとって小さからざるリスクを伴うなか、「当局発表の数字」でも、三割強の有権者がプーチンへの投票を拒否したということは、反プーチン派の立候補意志表明者ナジェージュジンが一〇万名以上の署名を集めたことと並んで、プーチン体制への国民の不満が伏流水のように溜まりつつあることを示している（ナジェージュジンの候補者推薦への署名は、署名者が顕名で反プーチンの立場を当局に対して明確に表明するものであり、それが孕む署名者にとってのリスクの大きさを考えれば、選管によって一部が無効とされたものの一〇万名以上の署名が集まったことの意義の大きさが理解できよう)。

(3) ロシアの反転攻勢の〈実損〉

■ロシア兵死傷者数の激増

「ロシア国民はプーチンの戦争を強く支持し続ける」というロシア強硬化論の事実認識に私が懐疑的である第二の理由は次の点である。ウクライナの大反攻は失敗し、ロシアは攻勢に転じたと言われるが、ロシアのこれまでの軍事的損益計算結果は、ロシア国民を決して安心させうるものではない、むしろ、不安を増大させるものである。

ロシアは数週間でウクライナ首都キーウを制圧して「ネオナチのゼレンスキー政権」を打倒するという侵攻当初の目標達成に失敗したどころか、侵攻後二年以上経った今も、併合宣言した東部・南部四州(ドネツク、ルガンスク、ザポリージャ、ヘルソン)の完全制圧すら達成できていない。他方で、開戦後二年間の間に、ロシア軍は質量ともに甚大な兵器損耗という物的コストだけでなく、多大な兵力損耗という人的コストも払ってきた。ロシア兵の戦死者数は、BBCが独立メディアグループと協力して実際に戦死者を特定してカウントしたものに限っても、既に五万人を超えている（参照、https://www.bbc.com/japanese/articles/c72pwg9vj2p）。実際はそれ以上であるのは確かだろう。戦闘能力を失う負傷で軍事的に「損耗人員」とされる戦傷者を含む「戦争死傷者（war casualties）」の総数は、既に三〇万人を超えていると見られている（参照、https://www3.nhk.or.jp/news/html/20240217/k10014361841000.html）。

［ロシアの兵力損耗の実態は、初稿執筆時でも、右の数値よりはるかに大きかったと考えられるが、その後の東ドンバス地域での更なる攻勢激化で多くの兵士を犠牲にし、侵攻開始後一〇〇〇日を経た二〇二四年一〇月から一一月にかけての時期で、死者数は約一五万人、戦線復帰不能な重症戦傷者は四〇万人以上と推計されている。これについては本書第三章二一九－二二二頁で、算出根拠も含めて説明する。］

一九七九年から一九八九年まで一〇年間続いたロシアのアフガン戦争での戦死者数が約一万五、〇〇〇人、戦傷者が約三万五、〇〇〇人だったことと比較すると、二年間でこれだけの死傷者を出したロシアの人的損失はきわめて大きい。昨秋以来のロシアの再攻勢も兵力損耗増大を伴う形で進められ、二〇二四年五月のハルキウ州北部への攻勢では、一日に過去最悪の約一、七〇〇人の死傷者を出しながら、ウクライナ軍の防戦で攻撃を失速させている（参

照、https://forbesjapan.com/articles/detail/71041)。

ロシア政府は情報統制により軍事的損失を含む「不都合な真実」についての情報を隠蔽しているると言われているが、自らのプロパガンダに利用するために容認しているユーチューブやテレグラムなどのSNSは反政府勢力によって、政府情報の虚偽性の検証や対抗情報提供のために活用されている。第一章第五節⑵でも触れたように、ナワリヌイ主催団体「汚職との戦い基金」が二〇二一年一月二〇日にユーチューブで流した「プーチン宮殿」の動画は投稿後一〇日以内で再生回数一億回を突破した。この団体はリトアニアに活動拠点を移して、ユーチューブの政治番組を通じて、ロシアのプロパガンダの嘘を暴く対抗情報をロシア国民に持続的に発信し続けている。また「クーデタ未遂」で最終的に暗殺された民間軍事会社ワグネルの指導者プリゴジンも、テレグラムを使って、ロシアの軍事的損失の大きさを暴露し、ショイグ国防相やゲラシモフ参謀総長など軍上層部の無能ぶりを熾烈に批判した。反体制派の主張に耳を塞ぐ保守的なロシア国民でさえ、プリゴジンが暴露した事実には耳をそばだてただろう。

これが示唆するように、テレビや新聞が隠蔽しているロシアの軍事的損失の実態の情報は、相当程度ロシア国民の間に流れていると見ていいだろう。もちろん、かかる「不都合な真実」を「フェイクニュース」だ「敵の情報戦」

だと言い張る政府に同調する国民も多いだろうが、政府に同調しながらも「一抹の不安」を拭えない者、当局の目を恐れて政府に同調しているふりをしながら、もはや官製メディアの「大本営発表」を信じなくなっている者も少なくないだろう。

■兵力損耗補塡のための新兵調達拡大と国民の不満の高まり

ロシア当局は政府批判や反戦運動を厳しく弾圧しているが、ウクライナ侵攻の長期化によりロシア兵士の犠牲が増大していく中で、兵士の帰還を求める「プーチ・ダモイ（家路）」運動の呼びかけに応じて、二〇二四年二月に、動員兵の妻たちがモスクワの赤の広場近くの「無名戦士の墓」に集まって抗議活動を行うなど、不満が表出されている（参照、https://www.asahi.com/articles/ASS2B7KPNS2BUHBI010.html）。当局の弾圧の厳しさのゆえに、このような勇気ある抗議活動を実行するのはいまだ一握りの人々だが、それでも、政府が目を尖らせるモスクワの象徴的な場所であえて行われたこのような抗議活動は、まさに「氷山の一角」であり、国民の反戦感・厭戦感の巨大な塊が水面下に伏在していることを示唆している。案の定、この運動に参与する者をロシア政府は「スパイ」を意味する「外国の代理人」

に指定して迫害しようとしている（参照、https://www3.nhk.or.jp/news/html/20240601/k10014468541000.html）。これは鬱積する国民の不満へのロシア政府の恐れの大きさを露呈するものである。

ロシアは二〇二二年秋に三〇万人の動員令を発したが、動員兵の多くを「損耗」させ、二〇二三年三月には損耗を埋めるべく、四〇万人の契約軍人調達計画を発表した（参照、https://www.bloomberg.co.jp/news/articles/2023-03-24/RS17T0T0G1KW01）。さらに、二〇二三年一二月一日に、プーチンは一七万人の兵力増強を図る大統領令を発した（参照、https://jp.reuters.com/world/ukraine/72QO2E7GANK73GT65FWM3V67ZE-2023-12-02/）。ロシアは兵力損耗を補うために新兵調達の拡大を続けざるを得ないだろうが、それとともに、水面下の国民の不満も膨張していくと思われる。

［プーチンは国民の反発を考慮して、徴集兵はウクライナ侵攻の戦場に派遣しないと約束していたが、実際には、侵攻初期から徴集兵が本人の同意なしに契約兵にされるなどして戦地に派遣されることが横行しており、ロシア国防省報道官も捕虜になった派遣軍に徴集兵が含まれることを認めた。これが「兵士の母の会」をはじめ国民から激しい抗議を招いた（参照、https://globe.asahi.com/article/14571376）。二〇二二年秋の三〇万人動員拡大令の後、二〇二三年春には動員再拡大に

代えて四〇万人もの「契約軍人調達計画」を決定したのは、徴集兵を契約兵にすり替えて戦闘参加させる策略が通じなくなったからだろう。なお、二〇二四年八月のウクライナ軍によるロシアのクルスク州侵攻後は、徴集兵は戦地に送らないという「建前」までロシアが修正を迫られていることについては、本書第三章二二八－二三一頁参照。」

■経済コストより重い命のコスト

関連して付言すれば、ロシア経済は回復したと言われるが、その主因は軍需関連需要が経済を牽引していることにあり、ルーブル下落を抑えるための高金利政策、労働力の軍務移転による人手不足、高学歴者・高技能者を多く含む一〇〇万人もの人々の国外流出などにより経済の民間部門は締め付けられ、七％台のインフレ率と物価高で国民生活は圧迫されつつあり、中長期的にはロシア経済の成長の展望は開かれていないと見られている（参照、https://www.nri.com/jp/knowledge/blog/lst/2024/fis/kiuchi/0226）。ウクライナ侵攻の軍事的コストに加えて、経済的コストも日増しに国民は重く感じるようになるだろう。

ロシア国民が背負う経済的コストにも念のため付言したが、この侵略戦争のロシアにとっての自壊性をロシア国民に最も強い痛みをもって自覚させうるのは、やはり、戦争死傷者の増大である。上述したように、ウクライナでのロシアの戦争死傷者数は、二年間で既に、一〇年間に及んだ旧ソ連の侵略戦争であるアフガン戦争の九倍近く（三〇万人）に達し、戦死者は、最も控え目な積算でも、後者の三倍以上（五万人）に達しているが、ロシアの人的犠牲の規模と累積速度を一層明確にするために、更なる比較をしよう。

ベトナム戦争はロシアが厳しく非難する悪名高き米国の侵略戦争だが、米国の戦争死傷者の増大が国内反戦運動の広がりの大きな要因となり、米国を撤退に導いた。一九六四年から九年間続いたこのベトナム戦争における米軍戦死者は、四万七、四三四人（参照、https://americancenterjapan.com/aboutusa/faq/3782/）で、二年間のウクライナ侵攻におけるロシア軍戦死者数は、上述のような控え目な査定によっても、既にこれを超えている。二〇〇三年に始まったもう一つの米国の侵略戦争たるイラク戦争も、少なくとも三兆ドルと言われる財政的コストに加えて、米国の戦争死傷者数増大が二〇一一年の米軍撤退の要因になったが、八年に及ぶイラク戦争での米軍戦死者数は四、四八六人（参照、https://web.econ.keio.ac.jp/staff/nobu/iraq/casualty.htm）で、ウクライナでのロシア軍戦死者数は既にその一〇倍以上に達している。

ロシア人が、特に若者たちが、他国の地へ、他国の民を殺すために送られ、その地で自軍の「肉壁」として使われて殺され、死体すら置き去りにされるか、棺桶に入って帰ってくる。幸いにも生き延びえた者も、手足を失った戦傷者として帰還する。これら戦争死傷者総数が、既に膨大な数に達しており、今後さらに増大することは確実である。本来なら、ロシア国民は、ウクライナの民にロシアが加えている凄惨な危害に思いを馳せるべきだが、残念ながらそれができるロシア人は少ないかもしれない。しかし、圧倒的多数のロシア人は、多くのロシア兵がウクライナの戦場で殺傷されている事実には無関心でいられないだろう。

(4) ロシア兵は何のために死に続けるのか

ウクライナ侵攻を「NATO・西側諸国に対するロシアの自衛戦争」とするロシア政府のプロパガンダの虚妄性は前著で詳述した。上述のような膨大なロシア兵の犠牲を、「祖国防衛のための高貴な犠牲」とする政府のプロパガンダを本心で信じるのは、ロシア国民にとっても、常識的な判断力があるなら、実は難しい。その理由は、少なくとも二つある。

第一に、〔前章追記Ⅱで触れた二〇二四年八月の方針転換前までは〕ウクライナは、二〇一四年のクリミア併合以降ロシアが奪取したウクライナ領土以外のロシア固有領土に対する攻撃はごく一部の例外を除いて基本的に自制し、ウクライナの地でロシア軍と戦う専守防衛の戦略をとってきたのに対し、首都キーウを含むウクライナ全土で民間人・民間施設を無差別攻撃しているのはロシアである。ロシアとウクライナの戦闘のこの基本的な非対称性は、口先で政府のプロパガンダを鸚鵡返ししているロシア人でも、本心では否定できないはずである。この非対称性は、誰が侵略し、誰が防衛しているのかを明確に示している。

第二に、米国と欧州（特に独仏）との対立で分裂・弱体化の様相を示していたＮＡＴＯが対露防衛で再結束したのは、さらに中立を守ってきたフィンランドやスェーデンまでもがＮＡＴＯ加盟に向かったのは、ロシアのウクライナ侵攻の結果であって、その原因ではない。プーチンは自らの政治的野心のために愚かにもウクライナ侵攻を企て、その結果として、ロシアに天然資源を依存するがゆえにロシアとの友好関係を維持しようとしていた欧州諸国も含めて西側世界を「ロシアの敵」として団結させ、ロシアの国益を自ら損なう帰結を招いた。ロシア人といえども、ウクライナ侵攻の前とその後の一連の事象を、その先後関係を間違えずに時系列的に辿りさえすれば、この基本的事実を否定するのは、本心ではできないはずである。

他国の領土を奪うために戦場に駆り出された多くのロシア兵が、特に多くのロシアの若者が、プーチンという独裁者が政治的野心から始めた愚劣な戦争の犠牲にされている。この点は、ウクライナ戦争が今後さらに長期化するにつれて、一層明白になり、プーチンといえども隠し通すことはできなくなる。彼がいま、ウクライナへの攻撃を激化させているのは、この点を自覚しており、早く決着をつけようとしているからで、プーチンの焦りの表れと言えるだろう。攻撃を激化させる一方で、ロシアに有利な形での停戦協定に持ち込もうとする画策も背後で試みている[13]。これも自分の面子を保つ仕方で早く決着をつけたいというプーチンの焦りを示している。

(5) プーチンは「勝ち逃げ」できない

■ウクライナを支える政治的要因

しかし、プーチンが望むような仕方でウクライナ戦争に簡単に決着をつけるのは難しい。それを示す情勢に触れておこう。

ウクライナでの世論調査によると、国民に人気のあったサルジニー総司令官解任後、ゼレンスキー大統領支持率は六四%に低下した。しかし、侵攻開始後二年を経過した二〇二四年二月下旬の時点では、戒厳令下での大統領選挙延期によるゼレンスキー留任を六九%は支持しており、戦時中の選挙実施を求める者は一五%に過ぎない（参照、https://www.nikkei.

com/article/DGXZQOGR203WI0Q4A320C2000000/）。また、七割以上がロシアへの領土割譲に反対し、抗戦の継続を支持している（参照、https://www.sankei.com/article/20240222-TNOLUT7FPNIUFN34PUI6WOVUDY/）。ウクライナは反抗の停滞にも拘らず、祖国防衛のため抗戦を続けることは依然圧倒的多数の国民の支持を受けており、ウクライナ軍と国民の士気はなお高いと言える。

ウクライナの抗戦意志の強さと能力の高さは戦況にも表れている。米国の政治的内紛で武器弾薬支援が停止されてきた困難な状況の中でも、ロシアの占領地失地回復を最小限に止め、むしろ戦果に見合わない膨大な物的・人的な戦力消耗をロシアに課すほど善戦してきた（参照、https://forbesjapan.com/articles/detail/68977 および、Thomas Gibbons-Neff and Anatoly Kurmanaev, "Russians accept high price for small gains," in *The New York Times*, International Edition, March 4, 2024, pp. 1,5）。米国のウクライナ支援予算が通過し武器弾薬支援が復活・増強されるなか、戦況はウクライナにとって再び好転する可能性がある。

もちろん、懸念要因として、二〇二四年一一月の米国大統領選でトランプが勝利した場合に米国のウクライナ支援が後退する可能性もある。しかし、欧州諸国・NATOはこの「もしトラ」問題に備えて、米国内の政治的変動に左右されずにウクライナ支援を維持強化できるような支援枠組、いわゆる「トランプ耐性あり（Trump-proof）」——「防トラ」!!——の支援枠組を構築している。共和党の親トランプ派の抵抗により、米国議会でウクライナ支援予算が通るかどうかがいまだ不透明であった二〇二四年三月に、EU首脳は五〇億ユーロのウクライナ追加支援で合意した（参照、https://www3.nhk.or.jp/news/html/20240314/k10014390261000.html）。NATOはさらに進んで、二〇二四年四月に、一、〇〇〇億ユーロの長期的なウクライナ支援基金の開始に合意した（参照、https://jp.reuters.com/world/ukraine/XOPUWGJ3RJKN5BSG6DUGIOKX5E-2024-04-03/）。［米国大統領選挙でのトランプの勝利により、彼が大統領に就任する二〇二五年一月二〇日以降、「もしトラ」が「またトラ」になることが確定したが、このことの影響については次章で考察する。］

■ウクライナの挽回とロシアの脆弱性の軍事的要因

戦況をウクライナにとって好転させる可能性のある軍事的要因を、さらに二点付記しておこう。第一に、二〇二三年五月に欧米諸国がそれまでためらってきたF-16戦闘機（「第四・五世代」の改良型）のウクライナへの供与を決断し、これによってウクライナの防空能力が飛躍的に向上すると見られていた（本書第一章本文及び注1参照）。ところが、米国議会でのウクライナ支援予算通過の遅れに加えて、英語による訓練のため、ウクライナのパイロットの本機操縦訓練に想定以上の時間を要したこともあり、実戦配備が遅れていた。しかし、ようやくパイロット訓練が完了し始め、二〇二四年六月から七月にかけて、F-16がウクライナ軍によって実際に使用可能となる見込みである（参照、https://jp.reuters.com/world/ukraine/MSZ33ZYBMJMIXM6WTAAFY56Y4U-2024-05-10/）。F-16が実戦配備されるなら、これまでウクライナ軍を苦しめてきたロシアの航空優勢が覆されることが期待されている。

［ウクライナは二〇二四年七月末までにNATO諸国からF-16を一〇機供与され、同年八月以降運用を開始した。ウクライナはF-16一機で六発のロシアのミサイルを撃墜したなど、一定の戦果を挙げたことを公表している。しかし、当初の計画では、NATO諸国から総計で七五機のF-16が供与され、そのうち、二〇機が二〇二四年末までに供与される予定だったが、その追加供与の一部も二〇二五年以降に延期されている。F-16供与のこのような遅れにより、戦局への影響も当初期待されたほどにはなっていない（参照、https://www.youtube.com/watch?v=pP4ZwGGo1qU）。］

第二に、ロシアの反転攻勢は、米国のウクライナ支援中断によりウクライナ側が武器弾薬不足に陥っていた一方で、ロシアが北朝鮮等からの武器弾薬輸入と自国の兵器生産能力の増強によって、自国の火力を増強したことによる面が大きい。しかし、ロシアの火力増強には限界もある。ロシアにとっていま最大の武器輸入国は北朝鮮だが、北朝鮮から輸入した砲弾は、不発弾や劣化したものが多いとも指摘されている（参照、https://www.news-postseven.com/archives/20240311_1946702.html?DETAIL）。輸入武器の品質問題もさることながら、武器輸出で稼いできたロシアが輸出用武器を「自国消費」に転用し、それでも足りず、武器輸入に依存するようになっているのは、ロシアの軍事力の強化よりもむしろ弱体化を示す。さらに、より根本的問題は次の点にある。

ロシア軍は形勢逆転のためにウクライナ軍の五倍もの火力を使用しており、ウクライナ軍の抗戦により損壊ないし鹵獲された兵器も膨大な量に達している(14)。ロシアは兵器生産のギアを最大にして増産しているが、兵器増産量が兵器消耗量に追い付かず、いまのペースでの軍事資源投入の持続可能性については疑問が付され、ロシアの兵器給能力は、いずれ限界に達すると見られている。欧米のウクライナ軍事支援の再強化も相俟って、ロシアの火力の圧倒的優勢状況はそう長くは続かず、いまのような武器蕩尽戦略は息切れすると見られている（参照、https://forbesjapan.com/articles/detail/68977、および https://www.bbc.com/japanese/articles/cv2xxze875ro）。

最近、ロシア軍は戦術核兵器使用想定の演習を行い、「核のブラフ」をまた使い始めている（参照、https://jp.reuters.com/world/ukraine/7ISRA7ZKTNNINJCTDEJRQB5GJA-2024-05-21/）。これに脅威を感じる人々もいるだろうが、冷静に事態を観察するなら、これはロシアの「強気」の表明ではなく、実は「弱気」の吐露であると思われる。「強がり」の言動は、自己の脆弱性に不安を持つ者がそれを隠して他者を威嚇するためにする。ウクライナ侵攻一年目でロシアが頓挫しウクライナの反攻に会った時、「核のブラフ」が頻繁になされた。いままたこのカードをロシアが使い始めたのは、通常兵器優位状況が維持できなくなる恐れをロシアが自認していることを露呈するものだろう（核兵器使用はロシアの自滅につながるため、「核のブラフ」がブラフ以上のものではありえないことについては、前著『ウクライナ戦争と向き合う』一五五－一五八頁参照）。

(6)　戦争はいつまで続くのか

戦況の展開を確実に予知するなど、誰もできない。しかし、上述したような諸条件を総合的に勘案するなら、ロシアの反転攻勢がこのまま続くとか、ウクライナが抗戦を断念して、ロシアが求めるだけ国土を割譲して停戦に応じるなどと予想するのは難しい。ウクライナ戦争はさらに続くだろう。いつまで続くのか。「いつまで」が「あと何年」を問うなら、答えは分からない。しかし、「いつまで」が「いかなる条件が成立するまで」を問うなら、戦争の現代史が答えを示唆している。

一九六四年以降、ベトナム戦争は九年続いたが、侵略者米国は勝てずに撤退した。一九七九年以降、旧ソ連のアフガン戦争は一〇年続いたが、侵略者ソ連は勝てずに撤退した。二〇〇三年以降、イラク戦争は八年続いた。侵略者米国はフセイン体制を倒したものの、安定した代替政権を確立できず、バース党残党はじめとするイスラム過激派がイスラム国（IS）を形成し内戦を続ける状況を残して撤退した。二〇〇一年に始まった米国のアフガニスタン戦争も、九・一一テロへの報復とされながら自衛権では正当化できない侵略戦争である。これは二〇年続き、米国の史上最長の戦争となったが、米国はタリバンを制圧できず、自らの傀儡政権を簡単にタリバンに打倒させる形で「不名誉な撤退」をした。

ウクライナ戦争があと何年続くのかは分からない。しかし、いま述べた第二次大戦後の「戦争の現代史」は、米国や旧ソ連のような核兵器を保有する強大国といえども、強固な抗戦意志をもった民族を侵略して、自国の地政学的利益に合致するように従属させることなどできないことを示している。このような民族を相手にした侵略戦争は、侵略者が撤退するまで続く、というのが、現代史の答えである。

［もちろん、ウクライナの強固な抗戦意志が崩れてしまえば話は別である。次章で論じるように、ウクライナのゼレンスキー大統領はいま、NATO加盟で将来のロシアによる再侵攻が実効的に抑止される保証が得られることを条件に、領土問題は将来の政治的交渉に委ね、戦線現状凍結のまま停戦に応じる用意がある姿勢も示し、国民の五〇％強がこのような条件での停戦案を支持しているとする世論調査結果も出ているが、プーチンがこの条件を撥ねつけている以上、ウクライナの政府と国民が、ロシアによる再侵攻抑止の保障がないまま抗戦放棄することは考えにくい。］

(7)　平和を訴えるべき相手は誰なのか

■ロシア国民における「自己欺瞞の疲弊」

戦争が長期化するにつて「戦争疲れ（war fatigue）」はロシアにもウクライナにも蓄積されていくだろう。民間人が甚大な戦禍を被っているウクライナと、極小の例外を除いて民間被害皆無のロシアとを比べれば、国民の疲弊はウクライナの方がいまは大きいだろう。しかし、ウクライナ国民は自国の防衛という、自らも誠実に信じ国際社会からも承認されている大義のために抗戦の意志を強く持ち続けている。これに対し、ロシア国民の「戦争疲れ」

は、ウクライナ国民のそれとは性質を異にし、ロシア人の心を痛ませ、精神を疲弊させるものである。

ロシアの民間人はいまのところ直接戦禍をほとんど被ってはいない。ロシア固有領土がほとんど攻撃されてこなかったのだから当然である。しかし、まさにそれゆえに、ウクライナ侵攻を他国の侵略に対する自衛戦争と言うのに無理のあることは、ロシア国民自身が自覚している、少なくとも薄々勘付いているはずである。実際、ロシア政府も自衛戦争とはさすがに言えないため「特殊軍事作戦」という曖昧な言葉で誤魔化し続けているのである。ロシア国民は、こんな侵攻のために、自国ロシアが多くの同胞を、とりわけ若者をウクライナの地に送り、その地の民を殺させているだけでなく、自国の前身たるソ連のアフガニスタン侵略戦争におけるソ連軍の犠牲や、「最大敵国」たる米国のベトナム、イラク、アフガニスタンでの侵略戦争における米軍の犠牲よりも多くのロシア軍犠牲者を、これらの戦争よりはるかに短い二年間で既に出している現実を突きつけられている。

ロシアの一般国民は自ら戦争に直接巻き込まれることによる「戦禍の疲弊」はウクライナ国民より小さくとも、大義が疑わしい侵攻のため他国民だけでなく多くの自国民の兵士たちが犠牲にされているのを黙認していることに対する「良心の疲弊」、あるいは、良心の疼きを隠すために政府の見え透いた嘘を自分自身に信じこませようとする「自己欺瞞の疲弊」はきわめて大きいだろう。私はロシア国民が、その多数が、いまの状況下でも「良心の疲弊」や「自己欺瞞の疲弊」をなんら感じずに、のほほんと暮らせるほど「愚鈍」か「不誠実」な民だとは思わない。

■恐怖による沈黙から「ひそひそ声」で語り出す勇気へ

ベラルーシのノーベル賞作家スヴェトラーナ・アレクシエーヴィチの著書『戦争は女の顔をしていない』は、第二次大戦に兵士や従軍看護師など様々な形で参与したソ連の女性たちを一九七八年から一九八五年までインタビューして集めた戦争体験・戦後体験証言記録である。その中に、本章冒頭の題辞に引用した元パルチザン連絡係の女性ワレンチーナ・エヴドキモヴナの言葉がある。

スターリンは大粛清でロシアの防衛能力を毀損したために対独戦争におけるロシア兵・ロシア国民の犠牲を甚大にした。この独裁者がそのことに対する責任をとらず、むしろその責任を兵士や国民に押し付けて彼らをさらに迫害したことに対して、エヴドキモヴナは大きな怒りをもち、その責任を問い質したいと思っている。その一方で、戦後四〇年たっても政府の監視が怖くてそれができないことを認めている。しかし、それにも拘わらず、彼女はそんな自分を悔しくて恥ずかしく思う気持ちを表出し、アレクシエーヴィチの前で「ひそひそ声でしか話せない」と言いながら、勇気をもって語り出し、自分の発言を顕名でこの証言記録に掲載することに同意している。

独裁者スターリンの名をプーチンに置き換え、一九八〇年代のソ連の状況を現在のロシアの監視社会に置き換えて考えてみるなら、権力者の専横と無責任さに対する怒り、監視への恐怖、恐怖心からの沈黙に対する自己嫌悪、恐怖心をもちながらも「ひそひそ声」で語り出そうとする小さな勇気、こういったものがないまぜになったワレンチーナ・エヴドキモヴナの思いは、現在の多くのロシア国民の思いに通じるのではないか。私はそう信じる。

プーチンに侵略戦争を止めさせうるのは、そしてその責務を負うのは、前著と本書第一章で論じたように、最終的にはロシア国民である。ウクライナの抗戦と西側のウクライナ支援がいかに強化されようと、プーチンがこれ以上戦争を続けると国民の不満が爆発して自己の権力基盤が危うくなると恐れる事態に至らない限り、彼は戦争を止めない（止めるに止められない）。

ロシア国民の多くはいま、プーチンが自己の政治的野心から始めたこの愚かな戦争の結果、戦場で多くの同胞ロシア人が甚大な規模と急激な速度で犠牲にされ続け、ロシアの将来も危うくされていることへの怒りや不安をもっていても、恐怖心から沈黙しているだろう。しかし、ワレンチーナ・エヴドキモヴナのように、「ひそひそ声」でも語り出す小さな勇気を一人一人が発揮してゆくなら、多くの人々の「ひそひそ声」がやがて共鳴・共振しあって大きな地響きとなり、プーチンに自己の権力基盤が地割れを起こす恐れを抱かせるだろう。

ソ連をしてアフガン戦争を止めさせた契機の一つになったのは、異国の戦地に送られたロシア兵を憂うるその母たちの「ひそひそ声」を「大きな声」へと共鳴させてゆく「兵士の母の会」の前身組織による運動であった。いまのロシアでも、ウクライナの戦場に駆り出された動員兵の妻たちが夫の帰還を求める「ひそひそ声」を「大きな声」へと共鳴させようとする「プーチ・ダモイ（家路）」運動を始めている。既述のように、ロシア政府はこの運動への弾圧を強めているが、弾圧の強化は国民の不満・不安・怒りを鎮めるよりはむしろ、一層根深く鬱積させるだろう。

国際社会はウクライナ支援や対露制裁を強化すべきだが、単にプーチン体制に外圧をかけるだけでなく、ロシア国民の内発的な平和運動を促進することも必要であるという観点にたって行動すべきである。ロシアは意図的にフェイクニュースを垂れ流す情報戦を推し進めている以上、国際社会はロシア国民を官製情報の虚妄から覚醒させる対抗情報戦をより活発に展開する必要がある。

平和の必要を訴え、平和への努力の必要を説くべき相手は、ウクライナではなくロシアであるのはもちろんである。しかし、ロシアと言っても、聴く耳をもたないプーチン体制のロシア政府ではなく、自分や自分の家族・友人が戦場に送られたか、送られる日が来るのを恐れているロシア国民こそが、根本的に重要な名宛人なのである。

■対露宥和主義者はロシア国民を愚民視している

ここで対露宥和主義言説の迷妄に改めて触れざるを得ない。本書第一章でも指摘したように、この言説は二重三重の倒錯と欺瞞に陥っている。対露宥和主義者は侵略者であるロシア政府とロシア国民にウクライナ侵攻を止めよと説く代わりに、西側諸国に対し、ウクライナ支援を止めてウクライナにロシアの侵略に対する抗戦を止めさせ、ロシアの領土割譲要求を呑ませて停戦に応じさせよと説いている。侵略者にご褒美を与えて侵略のインセンティヴを高めるという自壊性、侵略者に抗戦するウクライナを平和攪乱者とみなす倒錯性に陥っていることに加えて、ウクライナを西側に操作されるゲームの駒としか見ず、侵略される弱小国を強国同士の地政学的抗争で争奪される資源としか見ない強国中心主義の驕慢を剥き出しにしている。この点で対露宥和主義は、ロシアのプロパガンダと何ら変わるところがない恥ずべき言説である。

しかし、本章で述べたことから、対露宥和主義のもう一つの問題性が浮かび上がってくる。対露宥和主義者は、口先では、ロシアのウクライナ侵攻を必ずしも是認するものではないと言いながら、西側諸国の国民にウクライナ支援を止めて戦争を終結させよと説くだけで、ロシア国民に対して、プーチンにウクライナ侵略を止めさせよと説こうとはしない。ユーチューブやテレグラムなど、ロシア国民にメッセージを発するルートはあるにもかかわらず、彼らがロシア世論への訴えかけの努力をしようとしないのは、一体なぜなのか。そんなことしても無駄だから、というのが対露宥和主義者の答えだろう。では、なぜ無駄だと思うのか。

この疑問に対して考え得る唯一の答えは、対露宥和主義者は、ロシア国民には、この侵略戦争がウクライナに甚大な危害を与えているだけでなく、プーチンの政治的野心のために多数のロシア兵を犠牲にし、ロシアの国益も損なっていることを理解する能力もなければ、理解できても政府にそれを止めるよう働きかける政治的主体性もないとし、ロシア国民はプーチンの言いなりにしかならない愚民ないし無気力な民だとみなしているからだろう。対露宥和主義者はロシアへの譲歩を要求することでロシアの侵略に加担しているが、それはウクライナを侮蔑するだけでなく、実はロシア国民への深い侮蔑にも根差すものなのである。

〔実は、対露宥和主義者の多くはウクライナ侵攻の実相（プーチンの自己保身戦争）とロシア国益に対する自壊性を十分理解してはいないと思われる。ここでの私の指摘は、何よりもまず、この点を理解していながら、なおロシア国民にプーチンを止めよと訴えない対露宥和主義者に向けられている。しかしまた、ウクライナ侵攻についてこのような理解をもたないが、「ロシアの侵略を是認してはいない」と自己防御線をはりつつも、ロシア国民にプーチンの侵略の制止を求めず、もっぱらウクライナと西側に抗戦放棄を求める対露宥和主義者にも私の指摘は妥当する。後者もまた、ロシア国民には、侵略の不当性を理解する能力もなければ、政府に侵略を止めさせる政治的主体性もないという愚民観を共有しているからである。〕

■ロシア国民に侵略制止を訴えない「親露家」諸氏に告ぐ

ロシアに通暁している人々の間で、ウクライナ戦争に対する評価は分かれている。プーチン体制とロシアのウクライナ侵攻を批判する者もいる。しかし、ロシア語に堪能で親露家を自任する対露宥和主義者も少なくない。後者の人々に、次の檄を送って、本節の議論を締め括りたい。

日本を含む西側諸国のウクライナ支援を非難する親露家諸氏に告ぐ。君たちが本当にロシアの民と文化を愛しているなら、少なくとも敬意を払っているなら、欺瞞的で倒錯的な対露宥和主義言説を西側世界にばらまくのはやめて、ロシア語でロシアの民に訴え続けたまえ。ウクライナだけでなく、ロシアの名誉と国益を深く傷付けるこの愚かな戦争をプーチンに止めさせせよ、と。ロシア人とその社会の尊厳を守りたいと君たちが本当に望んでいるなら、それこそが君たちがいますべきことである。

国が道を間違えているとき、同胞から迫害されようとも、国を厳しく叱正するのが真の愛国者である。同様に、プーチンがロシアを汚辱の道に向かわせているいま、ロシア・ファンクラブの仲間筋から村八分にされようとも、あるいはロシア政府やロシア大使館が主催するイベントに招待されなくなろうとも、プーチンを止めようとしないロシアの民を厳しく叱正するとともに、姿勢を正すよう励ますのが真の親露家である。君たちのロシアへの愛が、少なくともロシアへの敬意が本物かどうか、いま試されていることとを自覚したまえ。

四　結　語

戦乱に荒れ狂うこの世界の断面を、ガザとウクライナから切り取って検討し、なぜそこで戦争が起こり、誰がその戦争に対し責任をもち、どうすればその戦争を終わらせられるのか、しかも、単に戦争を終わらせるのではなく、正しく終わらせるにはどうすればいいのかについて考察した。

戦乱の絶えないこの世界にうんざりして、「戦争など、もう見たくもない」と思う人々も多いだろう。かく言う私も、実はその一人である。私の問題提起と議論は、打ち続く戦乱にうんざりしている人々に向けられている。なぜか。理由は単純である。

戦争なき世を実現するためにこそ、我々は戦争に目を見開かなければならないからである。戦争を直視し、その原因と終結の方途を冷静に考察することなしに、戦争なき世を実現することなどできないからである。さらに言えば、「戦争など、見たくも考えたくもない」

という人々の無関心と現実逃避こそが、為政者に、人々を戦争に巻き込むのを容易にする格好の政治的条件を提供するからである。

(11) 治安回復と経済的発展の結果、かつて大量の難民を出したルワンダはいまや、内戦に荒れる他のアフリカ諸国からの難民の受け入れ国になっている。しかし、英国のスナク政権［初稿執筆時］はそこに目を付け、自国への不法移民・難民の増加に対する英国民の不満を解消するために、不法入国者をルワンダに経済的対価を支払って強制移送する法案を英国議会で成立させた。しかも、この法案は、欧州人権裁判所や英国最高裁の違法判断を覆す議会主権的立法手法により、ごり押しされたもので、内外から批判を浴びている（参照、https://jp.reuters.com/world/europe/HWEUUZRNWBP6RIKXUJ6IDAZYBY-2024-04-23/）。ルワンダの「比較的明るい側面」が英国のような欧州先進国の「暗いエゴ」に利用されている現実に留意する必要があるのは言うまでもない。

(12) 「秘密投票」制下では有権者は自由な意思表示ができると主張する者が政治学者の中にさえいるが、これは単純素朴のそしりを免れない。リー・クアンユーが専制的権力を保持していたシンガポールは秘密投票による選挙をしていたが、そのシンガポールで、「選挙は為政者が有権者の忠誠度を調査するためのもの」と言われた。与党たる人民行動党以外の党が勝った選挙区は、補助金や公共投資の縮減、標的化された規制適用などで政府により「処罰」される。一九九〇年代以降、シンガポールをはじめとしてアジアの新興経済発展諸国においては、このような選挙制度の操縦などにより、民主的制度を権威主義的に運用する体制が台頭した。これらを「非リベラルな民主制(Illiberal Democracy)」という概念で統括して検討するものして、cf. Daniel A. Bell, David Brown, Kanishka Jayasuriya, and David M. Jones, *Towards Illiberal Democracy in Pacific Asia*, St. Martin's Press, 1995. もっと言えば、投票に際しては、有権者は投票資格を持つことを示すために身元証明を要求される以上、選挙管理委員会が専制的政権の統制下にある国家の選挙では、そもそも、秘密投票の秘密性が確保されているという信頼を有権者はもてない。

(13) ロシアに有利になったと思われる戦況下で、プーチンは、表向きには侵攻目標貫徹の強気の姿勢を示しているが、ロシアの軍事的疲弊も深刻で、戦況が好転しているかに見えるいまのタイミングを外さずに、自国に有利な形での停戦の取引をするシグナルを、裏のルートで米国に送っていることが報道されている。それによれば、現在のロシア占領地(ウクライナ国土の二〇%)をロシアが獲得する代わりに、ウクライナの独立・主権とゼレンスキー政権の存続をロシアは承認する用意があるという。この取引は当初の侵攻目標からは大きく後退しているが、プーチンはこれを欧米のロシア破壊工作を斥けた「ロシアの勝利」として誇るプロパガンダで正当化できるし、戦争疲れしてきたロシア国民もそれを受け入れると見られている。因みに、ロシア政府の世論調査官、ヴァレリー・フィヨドロフ（Valery Fyodorov）が、二〇二三年九月の新聞インタビューで答えたところによると、戦争を積極的に支持しているのは国民の一〇％から一五％で、ほとんどの国民はキーウやオデッサの征服を望んではいない。

プーチンは、戦争長期化で欧米の支援疲れを待ち、二〇二四年米国大統領選挙でトランプが政権復帰するのを待っているとする見解がこれまで欧米では強かったが、将来の展開が不確実で、ロシア国民の厭戦感情の広がりへの恐れもあるため、状況が有利なうちにロシアに有利な停戦取引をいまプーチンは実現させようと動いているという観測が浮上している。ただ、ウクライナが国土二〇％の占領地をロシアに与えるこんな不正な取引、しかも将来におけるロシアの更なるウクライナ領土簒奪を防止する保証もなく、むしろその呼び水になると思われるこんな屈従的譲歩を飲み込むとは考えられず、また、「バイデン政権下の」米国も、プーチンの「時は自分にいま有利」という自信を突き崩そうとするウクライナを支援するという姿勢を崩してはいない。

以上について、cf. Anton Troianovski, Adam Entous, and Julian Burnes, "Is Putin open to a deal?" in *The New York Times*, International Edition, December 26, 2023, pp. 1, 4.

(14)　ロシアのこれまでの兵器損失について、ロシアは過少報告し、ウクライナは過大報告する傾向があるのはもちろんだが、オランダの軍事情報サイト「オリックス（Oryx）」は写真や動画など撮影資料によって確認できるものに限って、ロシアの兵器損失を以下のように報告しており、これは信頼できる情報とみなされている。それによると、侵攻開始から二〇二四年二月一三日現在まで、ロシアは一万四、三三三点に及ぶ車両（戦車・戦闘車・輸送車）・ミサイル・火砲・航空機・船舶・装置を失った。撃破が一万一八点、損傷が六五一点、放棄が七三二点、鹵獲されたものが二、九三二点である。

ダメージの大きさが理解しやすいよう、ロシアが失った武器の細目を例示しよう。戦車二、七二六両、装甲戦闘車両一、一八七両、歩兵戦闘車三、四〇〇両、地対空ミサイルシステム二〇六台、火砲（牽引砲・自走砲・多連装ロケット砲・対空砲・自走式対空砲）一、四三二門、航空機一〇二機、ヘリコプター一三五機、無人偵察機三二三機、そして海軍艦艇・潜水艦が二一隻で、黒海艦隊旗艦モスクワを含む。指揮通信車二六九両、レーダー六二台、電波妨害システム七〇基を失ったこともロシアの指揮作戦能力に少なからざる損傷を与えている。鹵獲されたものが約三、〇〇〇点にも及ぶことは重大で、これらはウクライナ軍によって再利用されるものも多く、ロシアはそれらの武器をウクライナに提供したことになる。

以上の兵器損失量は、資料で確認された個別事例を積み上げた数値だから、実際の損失はこれ以上に大きいと想定すべきだろう。また、このオリックスの報告後、二〇二四年二月後半から五月までにロシアは攻勢増強のためにさらに膨大な量の兵器を消耗させていることも念頭に置く必要がある。

上記のようなロシア軍の兵器損失の詳細については、参照、https://www.msn.com/ja-jp/news/national/%E3%82%A6%E3%82%AF%E3%83%A9%E3%82%A4%E3%83%8A%E4%BE%B5%E6%94%BB%E9%96%8B%E5%A7%8B%E3%81%8B%E3%82%892%E5%B9%B4-%E3%83%97%E3%83%BC%E3%83%81%E3%83%B3%E6%94%BF%E6%A8%A9%E3%81%8C%E8%A2%AB%E3%81%A3%E3%81%9F%E3%81%82%E3%81%BE%E3%82%8A%E3%81%AB%E5%A4%A7%E3%81%8D%E3%81%AA%E6%90%8D%E5%A4%B1%E3%81%A8%E3%81%AF/ss-BB1iicb1?ocid=msedgntp&pc=PNTS&cvid=826456b3969f4665aa2f2c7c178415e3&ei=30#image=1

第三章　悪が勝つのか？〔二〇二五年一月〕

――政治の逆風に晒される法と正義の試練

アテーナイ使節団「我々が現在ここに来ているのはなにも大義名分があるからではない。……我々になんの不正も働かなかったことを盾にとって、我々を説得しようとするような諸君を相手にするつもりも、我々にはまったくない。我々が交渉相手として諸君に期待することは、諸君が我々を説得するには、弱肉強食の原則と、客観的理性の論理的必然性が正義であるとする原則にのっとって、双方が希望することを明示する必要のあることを諸君が知っていることである。」

……………………

メロース委員団「……諸君の力と幸運の前には、同じような力と幸運に恵まれていない限りは、とうてい抵抗できるものではないことを我々は知っている。しかし、我々は清廉潔白で不義に直面しているのであるから、天祐の有無に関しては我々が諸君に劣るとは信じない。そして、また我々の劣っている力の面は、盟邦としてのラケダイモーン人〔スパルタ市民〕が補ってくれるであろう。つまり、ラケダイモーン人は……義務感から何をさしおいても我々を救援しなければならない立場にいるからだ。……」

アテーナイ使節団「神の助けに関しては我々が諸君より劣るとは考えない。……そのわけは天則とは明らかに自然の法則によって、優者常勝の人道のことであると、我々は常識的に理解しているからである。……ラケダイモーン人が義務感から諸君の救援に来るであろうとする諸君の判断には、その単純さを我々は祝福こそすれ、決してその愚かさを羨むものではない。ラケダイモーン人の真骨頂〔質実剛健、団結心、軍事的規律と勇猛性などのスパルタ的徳性〕は自分たち自身や自国の掟に対してのみ発揮されるのであって、他の国民に対する態度に関しては、その悪評は周知の事実であり、……決して諸君の現在の不合理なラケダイモーン来援説を裏付けるものではない。」

……………………

こうしてアテーナイ使節団が会場を去ると、メロース委員団だけとなって合議したが、……次のような回答を与えた。「アテーナイ人に告ぐ。……七百年の伝統あるこの国から寸刻たりとも自由の失われることは我々の許すところではない。今日までこの国を護ってきた天祐と、ラケダイモーンの来援を信じ、自らを救うことに我々は専念する。……したがって我々はここに……本領土よりの貴軍撤退の条約締結を諸君に要求するところである。」

このようにしてアテーナイ使節団が自陣に戻ると、アテーナイの将軍たちはメロースが屈服しないのを知り、ただちに戦闘状態に入り、メロースを包囲した。

………………

冬になると、ラケダイモーン勢は〔アルゴスがアテーナイを最大支援者とみなしてこれに接近していたため〕アルゴス侵入を企てたが、神託が国境越えに凶と出たので、これを諦めて帰国した〔その結果、メロース救援の進軍もやめた〕。……アテーナイ増援隊が到着すると包囲攻撃が強化され、しかもメロース内部に裏切り者も出たので、ついにアテーナイに対しメロースは無条件降伏をした。そこで、アテーナイ側は捕えたメロースの成人を全部殺害し、婦女子を奴隷に売り、後にアテーナイから五百名の移民をメロースに送って、アテーナイ人自身がメロースに住みついたのであった。

——トゥーキュディデース『歴史』第五巻八九章－一一六章（小西晴雄訳『トゥーキュディデース』〔世界古典文学全集第一一巻〕筑摩書房、一九七一年、二〇二頁上段－二〇五頁下段）からの抜粋、傍点による強調と角括弧内の補足は井上による。

一　メロースの悲劇、再び？

(1)　古代アテーナイの帝国主義的覇道

本章冒頭に、紀元前四一六年に起こった「メロース島事件」を伝える古代アテーナイの歴史家トゥーキュディデース（ツキジデス）の記述からの抜粋を、題辞としては若干長すぎるが、あえて引用した。二四〇〇年以上前の凄惨なこの戦史的事件に、いま我々が目前に見ている地政学的抗争と二重写しのように重なって見える部分があるからである。

民主政治の古代的原型とされるアテーナイが、一握りの男性家長たる自由民しか参政権をもたず、多くの奴隷と家僕を抱える階層国家であったことは周知の事実だろう。それに比して忘れられることが多いが、想起されるべきもう一つの重大なアテーナイの「黒歴史」は、古代ギリシャの他の諸ポリスに対するアテーナイの横暴にして冷酷な覇道的支配である。その最も残忍な事例の一つが、右のメロース島事件である。

アテーナイはその優越的な海軍力を背景に、ギリシャ諸ポリスの対ペルシャ軍事同盟たるデロス同盟の盟主となり、ペルシャとの和解後も、デロス同盟の共同金庫の管理権を独占して、デロス同盟を他の同盟ポリスに対する支配装置として利用し、デロス同盟は対ペルシャ軍事同盟から「アテーナイ海上帝国」へと変質した。これに反発する諸ポリスは、ラケダイモーン＝スパルタを盟主とするペロポネソス同盟に与して、アテーナイ海上帝国に対抗しようとした。このデロス同盟とペロポネソス同盟の対立が全ギリシャ世界を巻き込むペロポネソス戦争を招き、これは紀元前四三一年から四〇四年まで続いた。

メロース島包囲戦はその一環であり、スパルタからの植民に由来するポリスであるメロース島は当然ながらペロポネソス同盟側である。しかし、それだけでなく、その地政学的位置がアテーナイの海上覇権の拡大にとって邪魔であり、アテーナイはこれを我が物にする必要があった。実際、アテーナイはメロース島を制圧した後、捕えた成人男性を皆殺しにし、女性と子供を奴隷として売り飛ばし、メロース市民を島からまさに「一掃」した後、自らの移民を送り込んで、文字通り、この島を「我が物」にした。この冷酷にして冷厳な戦略的合理性の逡巡なき貫徹は、アテーナイ使節団がメロース委員団に宣告した「弱肉強食の原則と、客観的理性の論理的必然性が正義であるとする原則」の心胆寒からしめる意味を明らかにしている。

もちろん、すべてのアテーナイ人がこの残虐な覇道的行動を是認していたわけではない。三大悲劇詩人の一人であるエウリピデスは、ギリシャ軍が「木馬の姦計」を使って攻略したトロイアで、トロイア人の男は子供にいたるまで皆殺しにし、女はギリシャ兵の戦利品ない し奴隷にするという蛮行を『トロイアの女』という悲劇作品で描いたが、この作品は紀元前四一五年に、アテーナイ市民の重要な祝祭である大ディオニューシア祭で上演された。紀元前四一五年は、メロース島事件があった紀元前四一六年の翌年、アテーナイ市民がみなこの事件を直近の経験として脳裏に刻んでいた時期である。エウリピデスは、この悲劇作品で、太古のトロイア戦争——これは神話に描かれた戦争だが、歴史的対応物も皆無ではないようである——に仮託して、メロース島の悲劇をもたらしたアテーナイの軍事行動への反省を市民に迫っていると、後世の人々に解釈されている(15)。

ギリシャ悲劇作品では、トロイア戦争に勝利したアカイア軍（古代ギリシャ軍）の指揮官たちはみな悲惨な運命をたどる。総司令官アガメムノーンは帰国後、妻とその愛人に暗殺され、小アイアースは女神アテーナーに船を沈没させられて死に、オデュッセウスは一〇年間、メネラーオスは八年間の漂流生活を強いられる。実際、メロース島事件の後、首謀者たるアルキビアデスは亡命等を経て暗殺され、アテーナイは最終的にペロポネソス戦争に敗れて衰亡してゆく（本章注15参照）。覇道は自滅への道という教訓を、古代アテーナイはそれが生み出した悲劇作品と自らの歴史によって後世に伝えている。

(2)　メロース島事件の現代性

■文明が肥大化させる野蛮

古代ギリシャ世界、就中、アテーナイは、人間の理性を称えて高度の学問を発展させ、人間の肉体美を隠さず強調する芸術や、「彼岸における救済」よりも「此岸における生の充溢」を重視し、神々をも人間化して「煩悩に満ちた存在」として描く人間中心的文化を開花させた。さらには、公開の場での市民の討議による政治的決定という民主政治の萌芽的・先駆的形態すら――自由民の地位の限定性や寡頭制に変質する不安定性などの限界をもちつつも――生み出していた。それは、紛れもなく、中世キリスト教世界よりもはるかに現代世界に近い意味で、「文明化」された世界だった。この古代ギリシャの文明世界で、メロース島事件のような「野蛮」と呼ぶしかない残虐な侵略と虐殺が、「弱肉強食の原則」のみならず、「客観的理性の論理的必然性」（＝戦略的合理性）の名で逡巡なく行われた。

しかし、考えてみれば、これは驚くべきことではない（悲しむべきことではあるが）。ギリシャ文明を吸収しつつそれをさらに高度に発展させた現代世界で、二度の世界大戦のみならず、数々の戦乱により、古来の多くのジェノサイドをはるかに超える大殺戮が行われてきた。科学技術の発展が生んだ「文明の利器」は、核兵器をはじめとする圧倒的な破壊力をもつ「戦闘の利器」からもなる。文明は人間の創造力だけでなく破壊力も強化し、強化された人間の力は他者との「協力」だけでなく、他者に対する「支配力」を求める闘争も促進する。「文明」は「野蛮」を克服しようとする一方で、「野蛮」の剝き出しの獰猛性を冷血な理性の仮面に隠して肥大化させるのである。

メロース島事件について驚くべきことは、文明が孕む野蛮という「普遍悪」の歴史的貫徹よりむしろ、二四〇〇年以上前のこの事件の具体的相貌、その「特殊悪」の実態が、いまウクライナとガザで進行している戦乱の「特殊悪」の現実と、「相似」ではないにしても生々しい「近似性」をもつことである。

■ウクライナ戦争に落とされるメロースの影

ウクライナ戦争についてまず言えば、その地政学的抗争の構図が、メロース島事件のそれと重なるはずである。弱肉強食の論理を剝き出しにして自己の海上覇権強化のためにメロースを恫喝し、侵略したアテーナイは、ウクライナを勝手に自己の藩屏とみなして侵攻し我が物にしようとしているプーチン体制のロシアに比され、メロースが支援を期待したスパルタと、それが率いるペロポネソス同盟は、ウクライナが支援を要請している米国と、NATOを中心とする西側陣営諸国に、比されるだろう。[16]

　アテーナイの侵略に抗戦し滅ぼされたメロースの運命は、ロシアの侵略に抗戦を続けているウクライナが、もしロシアに圧服されて無条件降伏するようなことがあったならば、その場合にウクライナが辿り得る最悪の運命に重なるだろう。その場合、さすがに、「男は皆殺しにし、婦女子は奴隷として売り飛ばして、自国の移民を送り込む」ことでメロース島を「我が物」にするというアテーナイの蛮行にまでロシアが及ぶことはないとしても、ウクライナを併合するか、ロシアの傀儡政権が支配する属国にすることによってロシアはウクライナを「我が物」にするだろう。

　ただし、ウクライナ侵攻直後にロシア軍が制圧したキーウ近郊のブッチャとその周辺地域では、女性子供も含めて多数の民間人（推計被害者総数は約一、四〇〇人）が拷問・強姦・身体切断を伴う仕方で虐殺されたことをウクライナ政府は公表しており、国連人権高等弁務官事務所によっても相当規模の民間人虐殺があったことが確認されている（参照、https://mainichi.jp/articles/20230401/dde/007/030/023000c）。この「ブッチャの虐殺」は、ウクライナ国民の大きなトラウマになっており、彼らにとって、メロースの悲劇と同等の蛮行がロシアによって自らに加えられる恐れは、自らの「最悪の運命」の想定図から決して排除されていないことを忘れてはならない。

以上の背景を踏まえた上で、メロースとウクライナの状況を比較するなら、その注目すべき近似性――両者の間には重要な違いもあるので、「相似性」ではなく、あくまで「近似性」である――は次の点にある。いずれも自国より強大な侵略国に対し、侵略国と対抗する他国の支援を期待しつつ抗戦に踏み切った。メロースは頼みにした最大同盟国スパルタの支援を得られずに滅びた。ウクライナはこれまで米国・NATOを中心とする西側諸国の支援を得てきたものの、それは常に「遅れ馳せで不十分」であった。それにも拘らず、三年近く果敢に抗戦を続けてきた。しかし、最大の支援国であった米国で、ウクライナ支援を停止ないし大幅縮減してロシアへの譲歩をウクライナに迫り、戦争の早期終結を図る姿勢を示しているドナルド・トランプが二〇二四年一一月の大統領選で勝利し、二〇二五年一月二〇日から政権に就くことになった。ウクライナが実際に米国という大きな支柱を外されるならば、他の西側支援諸国による穴埋めが十分なされない限り、侵略者ロシアに対する抗戦において苦しい状況に置かれることが予想される。

■ガザ戦争の「メロース略奪戦」的変質

既に開戦後一年を過ぎたガザ戦争にも、メロース島事件を彷彿とさせるものがある。この戦争は、ハマースによる一〇・七侵攻に対するイスラエルの自衛戦争としてはじまった。しかし、その後、イスラエルは国際人道法などの交戦法規を無視して、多くの女性子供も含む民間人を無差別大量に犠牲にする攻撃を行い、ガザの諸都市を瓦礫の山にした。

ガザ戦争勃発一年目で、死者数はガザ保健当局によると四万一、九〇九人に達しており、イスラエルは戦闘員が一万七、〇〇〇人含まれると主張しているが、それを引いても、約二万五、〇〇〇人のガザ民間人が開戦後一年間で犠牲になっている（参照、https://www3.nhk.or.jp/news/html/20241007/k10014602691000.html）。アテーナイに滅ぼされた紀元前四一六年の時点でのメロース島の人口は分からないが、観光スポットとして繁栄している現代の同島の人口は二〇二一年で約五、二〇〇人だから、それより多かったとは考えにくい。メロース市民を「一掃」した後、アテーナイが送った自国民入植者は五〇〇人だから、メロース市民の人口も、多くても、せいぜいそれを多少上回る程度だったと推測される。イスラエルはガザで、アテーナイがメロースで殺戮した住民の数よりもはるかに多くの住民を既に殺戮していると言ってよい。

しかも、ガザ攻撃中に、「西岸」地域で、イスラエル軍が親ハマース勢力を攻撃するだけでなく、イスラエル人の入植者がこれまでにないほどの規模で増え、武装した彼らがパレスチナ人の住民から暴力的に土地を奪い続けている（参照、https://jp.reuters.com/economy/industry/PLIX4TCE7ZLAVFZBX3RIHX2KSA-2024-11-26/）。これはイスラエル当局の黙認ないし加担の下に行われている。

また、イスラエル軍はガザ北部を一旦制圧すると大規模部隊を駐留させずに退却し、ハマースがそこで復活すると再攻撃し、制圧するとまた退却するというパタンを繰り返している――これはハマースに出没反復戦略（hit-and-run strategies）を許している――が、イスラエルがこのような一見杜撰で不合理と思える戦闘方式を続けるのは、戦闘持続でガザ北部の住民を最終的にすべて退去させて、ガザ北部を無人地域にすることが狙いではないかと推測されている。かつて約一〇〇万人の住民がいた北部から多くの住民がガザ南部に退去したが、二〇二四年一〇月段階で、いまだ四〇万人の住民が残っていると言われた。食料など援助物資の流入を阻止して餓死のリスクを高めるだけでなく、そこに留まっていては戦闘に巻き込まれて死ぬしかないという状況を持続することで、ガザ北部を完全無人化することをイスラエルは狙っているようである。

実際、イスラエル軍の前将軍ギオラ・エイランドは、食料と水を絶つことで「降伏か餓死か」という圧力をハマースにかけるだけでなく、退去しない住民については彼らの自己責任として放置することを明言していた。ネタニヤフ政権はエイランドの作戦を承認してはいないと主張しているが、ガザ北部住民に対し、退去警告を出し、援助物資の流入も二〇二四年一〇月初めから急減している（以上につき、cf. Patrick Kingsley and Aaron Boxerman, "Hamas uses hit-and-run strategies in Gaza battles," in *The New York Times*, International Edition, October 24, 2024, pp. 1, 4)。

イスラエルのガザ北部における来襲・制圧・退却・敵復活・来襲を反復する戦闘方式が戦略的無能性によるのではなく、ガザ北部無人化という政治的意図によるとしたら、それはイスラエル人を西岸地域だけでなく、将来、ガザ北部にも入植させるためであるとしか言いようがない。実際、ネタニヤフ連立政権に加わっている極右政党「ユダヤの力」党首で国家治安相の任にあるベングビールは、ガザ地区をイスラエルが再占領して統治し、入植者を送るよう要請している（参照、https://www.sankei.com/article/20241022-OY2U64EIVNO7PDU4G3AL6ANGQM/）。

ガザ戦争のこのような実態は、ハマース侵攻に対するイスラエルの自衛戦争が「自衛」を口実にして、パレスチナ人住民を虐殺ないし追放し、その土地を奪うという、アテーナイがメロースに対してしたのと同様な侵略戦争、もっとはっきり言えば略奪戦争に変質しているのではないかと疑わせる。既住の他民族住民を殺戮と追放により一掃して、自国民を入植させ、その土地を我が物にするという古代の野蛮な略奪戦争を、こともあろうに、ホロコーストという集団強制移送と集団虐殺の犠牲者だったユダヤ人の国家たるイスラエルがやろうとしているのは、道義的にも政治的にも自壊的である。個人または集団の自己保存権は、普遍的人権である限り、誰にも妥当する同一の原理によってしか正当化できず、他者・他集団の自己保存権を蹂躙する者は自己・自集団の自己保存権の尊重を要請する規範的根拠を失ってしまい、自己・自集団の殲滅の機会を窺う敵対勢力の脅威に曝され続けるからである。

以上、古代ギリシャのポリス、メロースの悲劇を振り返り、同様な悲劇が二四〇〇年以上経ったいま、ウクライナ戦争とガザ戦争で反復ないし拡大再生産されようとしていることを見た。以下で、この二つの戦争でこのような悲劇を産み出す悪の暴走をいかにして抑止しうるのかを考察したい。

二　ウクライナを見捨てるのか

(1)　停戦実現方法についてのトランプの幻想を正す

■トランプ陣営の停戦構想

二〇二四年一一月の米国大統領選挙のキャンペーン中から、トランプは、ウクライナ戦争を一日で終わらせると豪語していた。「一日で終わらせる」は選挙戦術上のレトリックで真に受ける必要はないが、停戦の早期実現は簡単だと彼が思っているのは確かなようである。ロシアに対しては、ロシア軍が既に制圧したウクライナ領土の保有を条件に侵攻の停止を求めればプーチンが納得し、ウクライナに対しては、米国の支援を打ち切られたくなければ、既にロシア軍が占領している国土の二〇％を放棄する代わりに八〇％を保全することで満足して停戦に合意しろと圧力をかければ、ゼレンスキーは折れるだろうと踏んでいたふしがある。

大統領選勝利後、トランプ陣営の政権移行チームは、ウクライナ戦争停戦の実現方法についてもう少し詰めた検討をし、次のような停戦合意案の枠組を構想していると報道されている（参照、https://www3.nhk.or.jp/news/html/20241128/k10014652511000.html、https://jp.reuters.com/world/us/ZLKUGEOS5RO5HFSE7KL24G3TPE-2024-12-04/）。

①戦闘ラインの現状を凍結し、ロシア占領地域についてロシアの事実上の支配を認める。②ウクライナのＮＡＴＯ加盟は当面（とりあえず二〇年間）は認めない。③凍結された戦線に沿って非武装地帯を設定し、米国以外のＮＡＴＯ加盟諸国の軍隊を派遣して、停戦監視をする。④米国は非武装地帯に監視軍を派遣しないが、ウクライナへの軍事支援は継続する。

ウクライナ戦争停戦実現方法をめぐっては、トランプ陣営内部にも対立があり、右の四点について政権移行チームの間でどこまで確固たる合意があるのか、また、トランプ自身がどこまでコミットしているのか、定かならざるところもあるが、一応、右の四項目案を現時点における「トランプ停戦案」とみなすことにする。他に明確な対案は示されていないからである。この停戦案で、停戦の早期実現は可能か。答えは明確なノーである。こんな停戦案はロシアにとっても、ウクライナにとっても、まったくお話にならず、ただちに両陣営からダメ出しされるだろう。なぜか。その理由を以下、説明する。

■ロシアが戦線現状凍結を受け入れられない理由

何よりもまず、トランプ停戦案の①は、トランプ陣営が、ウクライナ戦争の戦況の現実を十分理解していないことを露呈する、軍事的にも政治的にも的外れな案である。これについて、二点、指摘しておこう。

第一に、前著や本書第一章で、対露宥和主義言説の非現実性を示すものとして強調した点だが、ロシアは既存の占領地を保有するだけでは満足しない、というよりむしろ、満足しようにもできない理由がある。ロシアはウクライナ東南部四州（ドネツク州、ルハンスク州、ザポリージャ州、ヘルソン州）の合併を宣言している。ロシアはこの四州が自らの主権下にある自国領土であると国際社会に宣言しているのである（北朝鮮など一握りの国を除いて、国際社会は中国・インドも含めてこのロシアの主張を認めていないが）。しかし、軍事的には、これら東南部四州を完全制圧できていない――ルハンスクは一応全域支配しているが、そこでもウクライナ軍の侵入を許している――のが現状である。

戦線の現状を凍結して、既に制圧した地域の保有だけで甘んじるのは、ロシアの「論理」

――いかに身勝手な「論理」だとしても――からすれば、新たな領土の獲得というより、自らの主権的領土の一部を放棄することになるのである。後述するように、ロシア軍の死傷者数は既に六〇万人を越えていると見られ、これだけの犠牲を払っている以上、現時点での占領地の獲得だけでは、プーチンの面子を保つ成果とは到底言えない。仮に、一時的に停戦合意しても、それはロシア軍の「休息と再建」のための時間稼ぎで、すぐに更なる占領地拡大――少なくとも東南部四州の完全掌握――に向けた侵攻をするのは必至である。

第二に、ウクライナはロシアのクルスク州の相当部分を制圧しており、停戦のための領土問題交渉では当然クルスク州を交渉材料にする。しかし、ロシアにとっては「自己の固有領土たるクルスク州を返してもらう代わりに、ウクライナ東南部占領地一部をウクライナに返す」というような取引は屈辱的で到底認められない。クルスク奪還はロシアにとって、停戦交渉の対象ではなく前提条件である。ロシアはクルスク奪還のために戦闘を激化させているし、ウクライナもロシアから奪った最大の軍事的成果であり最重要な交渉資源であるクルスク州を固守するために執拗に戦うだろう。

ロシアが北朝鮮兵を自戦力に投入しクルスクにも派兵したことへの対抗として、バイデン大統領が長距離ミサイルＡＴＡＣＭＳをウクライナがロシア領内に対して使用することを、クルスク州保持のため必要な限りでという条件つきながら、これを承認した（参照、https://www.bbc.com/japanese/articles/czj7wn0d2ndo）。英国とフランスも、バイデンの決断を受けて、自国が供与した長距離ミサイルをロシア領土内への攻撃に使うことを直ちに承認した（参照、https://www.bbc.com/japanese/articles/cjw0pegw3lno、https://www.asahi.com/articles/ASSCT3GFMSCTUHBI00XM.html）。

ウクライナによるロシア固有領土のウクライナ占領と長距離ミサイルのロシア固有領土内向け使用の欧米による承認は、これまで欧米がウクライナへの軍事支援に課してきた「専守防衛ライン」の制約の緩和を意味し、ウクライナの抗戦能力の強化に資している（本書第一章追記Ⅱ参照）。トランプに政権が移行する二〇二五年一月二〇日までにロシアがクルスク州を奪還できるとは考えられず、停戦交渉のロシア側にとっての軍事的前提条件はトランプ政権になっても容易には成立しないだろう。

■NATO加盟保証なくしてウクライナの停戦合意なし

トランプ停戦案の②と③は、ウクライナのNATO加盟を今後二〇年間は認めず、その後もいつ加盟できるかの保証を与えない代わりに、現状の戦線を凍結して非武装地帯化し、そこに米軍以外のＮＡＴＯ諸国の軍隊を停戦監視軍として派遣することで、ウクライナの今後の安全を保障するというものである。ウクライナにとって、これでは、停戦したとしても将来のロシアの更なる侵攻に対して自国の安全を欧米が保障したことにはまったくならない。

ウクライナのゼレンスキー大統領は、ロシアが攻勢を激化させ、トランプの大統領選勝利で欧米のウクライナ支援が今後どうなるかついて不安要因が高まっているいま、領土問題については、法的にはロシア占領地の割譲を承認しないものの、暫定的に事実上の支配領域分割をして、領土帰属問題を将来の政治的交渉の対象にする可能性もあることを示唆しているが、そのための必要不可欠の前提条件として、ロシアの更なる侵攻を排除するためにウクライナを「ＮＡＴＯの安全保障の傘下に置く」ことを要求している（参照、https://www.bloomberg.co.jp/news/articles/2024-11-30/SNQF6LDWLU6800）。

ウクライナの世論調査を持続的に行っているキーウ国際社会学研究所の二〇二四年六月の調査でも、「ロシアが東部二州やクリミアの占領を続けるものの、ウクライナが南部二州の支配権を取り戻し、ＮＡＴＯにも加盟する」という戦争終結案について五七％が賛成した（参照、https://www3.nhk.or.jp/news/html/20240724/k10014522401000.html）。同年一一月の調査では、「いかなる状況でも領土を放棄すべきではない」という回答が五八％になったが、一方で、ＮＡＴＯ加盟により安全が保障されるなら、現在占領されている領土についての譲歩も受け入れるという立場が、受け入れる姿勢の強弱の違い（容易に受容・難しいが受容・おおむね受容）を含めてすべて集計すると五一％になっている（参照、https://www.asahi.com/articles/ASSCD6WFFSCDUHBI01WM.html）。ＮＡＴＯによる安全保障を条件に領土問題について一定の妥協をする姿勢があるとする前述のゼレンスキー大統領の発言は、ウクライナ世論のこのような動向を踏まえたものだろう。

しかし、トランプ提案のような非武装地帯に監視軍を置くだけではウクライナを「ＮＡＴＯの安全保障の傘下」に置いたことにはならず、ウクライナとしては、これで、領土問題で妥協して停戦に応じることなど到底できない。既述のように、そもそもロシアは現状の戦線を凍結する①を呑めない以上、①を前提にした③の凍結戦線非武装地帯化を呑むはずがないが、仮にロシアがトランプ停戦案を呑んだとしても、②と③の下では、ロシアが停戦合意を遵守して再侵攻を断念する保証をウクライナはまったく得られない。理由は以下の通り、明白である。

■非武装地帯設定と監視軍派遣ではロシアの再侵攻を抑止できない理由

第一に、ウクライナを「NATOの安全保障の傘下に置く」というのは、ロシアが停戦合意に違反してウクライナを再侵攻したとき、NATO軍がウクライナを防衛するためにロシアとの戦闘に参加することを意味する。これはウクライナをNATO加盟国として扱い、その集団的自衛権体制の下に組み込むことに等しい。しかし、トランプ訂正案はウクライナのNATO加盟を承認しないのだから、ロシアが非武装地帯を越えてウクライナを再侵攻したとしても、非武装地帯の監視軍がウクライナを防衛するためにロシアと戦火を交えることはしない。監視軍は国連の平和維持軍と同様、停戦合意を対立当事国が遵守しているか否かを監視するだけで、停戦合意違反の武力行使をする当事国に武力制裁を加えてそれを抑止することは授権されていない。非武装地帯に派遣されたNATO加盟国の軍隊にそのような軍事的抑止力を与えるためには、ウクライナをNATO加盟国として扱い、その集団的自衛権体制の保護の下に置く必要がある。

第二に、停戦合意違反のロシアの侵攻に武力制裁を加えられないでも、監視軍を置くことで一定の抑止効果があるなどと主張するのは馬鹿げている。ロシアが非武装地帯を強引に地上通過しようとするなら、監視軍に誤って被害を与える可能性があり、監視軍が「人間の盾」のような役割を果たすと期待する向きもあろうが、八〇〇マイル（一、三〇〇キロメートル）に亘ることになる非武装地帯の全域を隈なく、かつ常時、「人間の盾」で塞ぐことは不可能で　必ず空間的・時間的「隙間」は生まれる。

さらに、より決定的な問題だが、そもそもロシアは非武装地帯の地上突破などしなくても、ミサイルで監視軍の頭越しにウクライナを攻撃できる。この「上空突破」に加え、「地下突破」も可能である。朝鮮戦争の休戦後に、北朝鮮が韓国に侵入するために「三八度線」の非武装地帯の下を掘って、韓国のソウル近郊にまで達するものも含む四本もの「南侵トンネル」を掘ったことが判明している（参照、https://www.tokyo-np.co.jp/article/218284）。「三八度線」の非武装地帯には国連監視軍は駐留していないが、駐留していたとしても北朝鮮にとっては南侵トンネルを掘る妨げにはまったくならなかっただろう。同様に、ロシアは非武装地帯に監視軍がいようと、その下にトンネルを掘って、ウクライナに地上軍を侵攻させることができる。

実際、ヒズボラとイスラエルが衝突しているレバノン南部とイスラエル北部との国境線には、一万人強の多国籍軍たる国際連合レバノン暫定駐留軍（United Nations Interim Force in Lebanon：UNIFL）が停戦監視のため長年派遣されているが、ガザ戦争で、ハマースを支援するために、ヒズボラはＵＮＩＦＬの頭越しに多数のミサイルをイスラエルに向けて発射したし、レバノンに侵攻したイスラエル軍はＵＮＩＦＬ駐留地域の傍にヒズボラのトンネルも発見したと発表している（参照、https://jp.reuters.com/world/us/XNNAZRAZJ5J55A5YUZ3REI2G7E-2024-10-01/）。

要するに、ウクライナは領土問題について将来の政治的交渉に委ねることで停戦に応じるという妥協をする用意があるとしても、そのような妥協をするためには、将来におけるロシアのウクライナへの再侵攻を実効的に抑止できるような自国の安全保障体制の強化が必要不可欠であり、そのために、ＮＡＴＯ加盟の承認を停戦条件として求めざるを得ない。それなしにはロシアとの停戦合意はロシアに更なる侵略の準備のための休息期間を与えるにすぎないからである。

■プーチンの言いなりになる停戦交渉はトランプの敗北である

ロシアが攻勢を激化させ、ドネックでの占領領域を再拡大させている現下の状況において、ウクライナは既述のように、自国がＮＡＴＯの安全保障の傘下に置かれるのを条件に妥協の用意があることを示しているが、ロシアの方は自らがいま優勢に立つと考えているため高飛車に出ており、戦線現状凍結もＮＡＴＯによるウクライナの安全保障も断固拒否している（参照、https://www.nikkei.com/article/DGXZQOGR19EGI0Z11C24A2000000/、https://www.bloomberg.co.jp/news/articles/2024-12-02/SNVAVGDWX2PS00）。プーチンはロシアが停戦交渉に開かれていると言いながら、トランプ停戦案を斥けるだけでなく、具体的な代替的停戦条件の提示もせず、まるでウクライナの無条件降伏以外の形での停戦は拒否すると言わんばかりの姿勢である。

トランプが「停戦即刻実現」を自己目的化して、プーチンのこのような高圧的姿勢を受け入れるよう、ウクライナを「米国支援打ち切りの恫喝」で強制しようとしても、ウクライナは従わないだろう。既述のようにウクライナが領土問題について一定の譲歩の用意があるという姿勢を示しているとしても、それは将来のロシアの侵攻を実効的に抑止する安全保障の枠組が確立されることが前提条件であって、その様な条件が確保できずウクライナの安全と運命がロシアの意のままにされるような停戦には、応じる意味がないからである。さらに言えば、ロシアがこれまで以上の大量の火力・兵力を投入して占領地域を再拡大しているとしても、ウクライナは未だ、無条件降伏ないしそれに近い一方的譲歩の形で抗戦放棄を余儀なくされるほど圧服されてはおらず、しかも、第二章で触れ、本章でも後述するように、ロシアの火力・兵力の損耗も激しく、現在のような攻勢をロシアが長く続けるのは難しいからである。

ここでトランプが自覚すべきなのは、右のような仕方での「停戦即刻実現」の自己目的化的追求は、ウクライナを不利にするだけでなく、トランプ自身の面子を潰すことになるという点である。米国大統領就任後、トランプが、ロシアへの一方的譲歩による停戦をウクライナに呑むよう強制しようとするなら、ウクライナがそれに従うか否かに関わらず（既述のようにウクライナは従わないだろうが）、それはトランプ自身の恥ずべき政治的敗北になる。仮に、ウクライナがトランプに従って、ロシアに一方的に有利な形での停戦が実現したとしても、それは、単にプーチンの言いなりになって、プーチンを勝たせたことにしかならず、ウクライナにとって完全敗北であるだけでなく、米国にとってもロシアに何ら譲歩させられずに押しきられたという完全な外交的敗北であり、米国の外交的無力性を露呈することになる。トランプはウクライナをプーチンに軍事的に屈服させただけでなく、自分自身がプーチンに政治的に屈服したことになる。「負けることが大嫌い」なトランプが、「米国を偉大にできるリーダー」としての面子に拘るなら、こんな結果に満足するとは思えない。

現実的には、ウクライナはトランプの一方的譲歩要請には従わないだろうが、その場合、米国の支援が打ち切られたとしても、第二章で触れた欧州諸国の「防トラ（Trump-proof）」的支援枠組（本書第二章第三節(5)参照）や、自己の軍事資源の最大限活用により抗戦を続けるだろう。戦局の展開がどうなるにせよ、停戦が即刻実現するようなことはなく、かなりの期間、戦闘は続くだろう。最終的にロシアが勝つはずだなどと想定するのも素朴にすぎる。仮にロシア軍がキーウを攻略し傀儡政権を樹立しても、ウクライナの反ロシア勢力が抗戦を続け、ウクライナにおいて内戦状態が長期化することは十分考えられる（前著『ウクライナ戦争と向き合う』一五九－一六三頁参照）。内戦が膠着すると、増大する軍事的負担にロシアが耐えきれなくなった段階でウクライナから撤退し、傀儡政権が瓦解するというシナリオも現実性をもつことは、シリアのアサド政権崩壊を見たいま、否定できないだろう。

この場合も、トランプは、タフな政治的交渉力を売り物にしながら、ウクライナがせっかく自国の安全保障確保を条件として領土問題について譲歩の姿勢を示しているにも拘らず、プーチンの高圧的姿勢に押し切られて、自分ならすぐできると啖呵を切っていた停戦の政治的ディールをまとめられなかったことになり、「口先だけ偉そうなこと言うが、プーチンに交渉圧力を加えることのできない無能で弱い大統領」という、みっともない姿をさらしてしまうのである。

■トランプへの進言

以上の点を踏まえて、第四七代米国大統領トランプとその政権中枢メンバーに進言する。トランプが、本当に、ウクライナ戦争の停戦交渉を成功させ、「有言実行」の政治的能力をもつことを証明したいのなら、そして、それにより米国の国際的な威信と指導力を高め「米国を再び偉大にする（Make America Great Again：MAGA）」という自己のスローガンが単なる「虚勢とはったり」ではないことを証明したいのなら、ロシアに対し、ウクライナの譲歩に互恵性を与えるだけの実質的意味のある譲歩、とりわけ、NATO加盟、あるいは、それに準じるような西側諸国によるウクライナの安全保障の確保——例えば、米英独仏など主力加盟国とウクライナの相互安全保障協定——の承認をさせることが必要である。

ウクライナのNATO加盟はロシアの安全保障の脅威になるから、プーチンがこれを認めるはずがないと反論する向きがあるかもしれないが、これは、ウクライナ侵攻の原因についての「NATO東進帰責論」の謬見を引きずった思い込みである。「NATO東進帰責論」の誤謬については、前著で詳細に論じ、本書第一章でも簡単に触れたので、ここでは反復しない。ここでは次の一点だけ確認すれば十分である。

ウクライナは、二〇二二年二月の侵攻前にも侵攻直後にも、NATO加盟放棄を条件にロシアの侵攻停止を求めたが、プーチンはそれを無視して侵攻を実行した。これが示すように、プーチンはウクライナを、NATO加盟以前のフィンランドやスウェーデンと同様に、言葉の本来の意味で「中立化」してロシアとNATO諸国との間の緩衝地帯にしたいのではなく、ウクライナを「我が物」にしたいのである。ウクライナのNATO加盟にいま反対するのは、ウクライナがNATOの集団的自衛権体制の保護の下に置かれると、ウクライナを「我が物」にできなくなるからである。プーチンが餌食にするのは常に弱者であって、自らが返り討ちにあうか、大きな痛手を負う恐れのある強者に手を出すのは控えてきた。彼は、NATO加盟国を侵攻したことはない。プーチンにウクライナを餌食にする野望を捨てさせる最も実効的な方法は、ウクライナをNATOに加盟させることである。(17)

仮に、ウクライナのNATO加盟に消極的な加盟国（ドイツ、トルコ、ハンガリー、スロヴァキアなど）の同意調達ができなかったとしても、米英仏を含む他の加盟国とウクライナの二国間安全保障協定のネットワークという準NATO体制の構築は可能である。いずれにせよ、ウクライナに対するロシアの再侵攻を実効的に抑止する集団的自衛権体制への米国の参加は必須である。トランプはNATO離脱をちらつかせているが、仮にNATOを離脱するにしても、ウクライナ戦争を終結させるという目的を本当に達成したいのなら、日米安保条約のような二国間安全保障条約を米国がウクライナとの間に締結し、ロシアのウクライナに対する軍事的野心に釘を刺す必要があることは理解できるだろうし、理解する必要がある。それが理解できなければ、彼はやはり「口先だけの無能で弱い米国大統領」として歴史に記録されることになる。

ロシアにこのような実質的譲歩を迫ることができるのは、戦況がロシアにとっても厳しくなった場合に限る。ロシアはいま膨大な人的・物的コストを払って攻勢を強化し、占領地を再拡大しているため、プーチンは高圧的になっているが、いまの規模の軍事的損耗と経済的コストをロシアが長期的に負担し続けることは困難である。トランプがタフな交渉者としての能力を示したいのなら、ロシアの軍事的・経済的脆弱性という「相手の足元」を見て、譲歩しないならウクライナ支援を強化するぞと圧力をかけ、ロシアの「弱みに付け込む」必要がある。

逆に、いま米国がウクライナ支援を停止ないし縮減するなら、これはロシアの攻勢をそれだけ長引かせ、ウクライナとロシアの双方が呑めるような条件による停戦にむけた交渉を拒否する高圧的姿勢をプーチンが採り続けるのを許してしまう。トランプはプーチンを真摯な停戦交渉のテーブルに就かせ、より早く停戦を実現するためにこそ、ウクライナ支援を維持強化すべきである。

右の進言は、「いまの規模の軍事的損耗と経済的コストをロシアが長期的に負担し続けることは困難である」という情勢判断を含んでいるが、この点につき、以下で敷衍する。

(2)　ロシアの軍事的脆弱性

■シリアのアサド政権崩壊が示すロシアの軍事的苦境

ロシアの火力・兵力の消耗の実態については、第二章第三節(3)で詳述した。そこでの記述は二〇二四年五月時点の状況によるが、ロシアの軍事的損耗はそれ以降さらに悪化している。同年一二月八日にロシアが支えてきたシリアのアサド政権が反政府軍の一斉反攻で脆くも崩壊した事実は、ロシアがウクライナ戦争で軍事資源を消尽し、もはやシリアを軍事的に支える余裕を失っていることを明白に証明した。

しかも、その結果として、ロシアはシリアに置かれたフメイミム空軍基地とタルトゥース海軍基地という、自らの重要な海外軍事拠点を失うリスクも負っている。ロシア政府はこれらの基地の保持を求めてシリアの暫定新政府と交渉しているとしているが、フメイミム空軍基地は反アサド勢力により封鎖されており、タルトゥース海軍基地もロシア艦船が安全のためそこから離れ沖合に停泊するのを余儀なくされている状態である（参照、https://jp.reuters.com/world/security/X6FECDL5ERNITIIPG6SOV5I5VA-2024-12-09/）。これらの基地は、アサド政権を支えるために、ロシアが反政府勢力を激しく攻撃した際の軍事拠点にもなったものであり、反政府勢力にとっては、まさに「怨念の的」である。感情的反発とは別に、戦略的・政治的計算から言っても、シリア新政府が、ロシアにシリア介入の窓口を残すような軍事拠点保有継続を簡単に承認するとは思えない。仮に新政府がロシアの基地保有の継続を認めるとしても、そこに配置できる武器・人員・設備や、その使用方法についてロシアに厳しい制約を課すだろう。

シリア新政府はシリアへのロシアの介入を排除するためだけでなく、シリア復興への欧米の支援・協力を取り付けるためにも、ロシアがシリア国内における軍事的拠点を従来と同様に使用し続けるのを承認することはできない。ロシア両基地、特にタルトゥース海軍基地は、中東地域だけでなくアフリカへのロシアの介入の拠点にもなっていた。第二章第一節(2)で触れたように、アフリカへのロシアの介入はウクライナにおけるロシアの戦争マシーン補強手段にもなっており、ロシアがシリア内の自らの軍事拠点を失う、あるいはその使用を制約されることは、ウクライナ戦争におけるロシアの軍事的利点の一部を侵食する効果も有し得る。

アサド政権崩壊が示すように、ロシアはウクライナ戦争で攻勢を激化させるために、膨大な火力・兵力を消尽させ、「余力ゼロ」の状態に達していることを露呈しているが、兵力損耗の問題がとりわけ重要である。ロシア人を直接戦争に巻き込み、犠牲にする兵力損耗は、侵略戦争続行に対するロシア国民の不満・不安を高める要因になり、プーチンもそれに特に敏感になっているからである。以下ではこの問題に焦点を当てて、ロシアの軍事的脆弱性について敷衍したい。

■ロシアの兵力損耗の計測

ウクライナ侵攻一〇〇〇日を経て、ロシアは攻勢を強め、二〇二四年一〇月には東ドンバス地域で過去最大の領土獲得をしたが、その月に過去最大の兵力損耗を被った。軍事的戦闘能力を決定する兵士死傷者数を計算するためには、治療して戦線復帰できるような軽傷の戦傷者は除いて、戦死者と戦線復帰不能な重症戦傷者の数を算定しなければならない。ロシアは自軍の兵力損耗を過小に伝え、ウクライナは過大に伝えるのは言うまでもないから、実態を知るには、客観的根拠に基づく算定が必要である。そのような算定として次のようなデータがある（cf. Anatoly Kurmanaev, "Measuring Russia's loss, and its ability to keep fighting," in *The New York Times*, International Edition, November 21, 2024, p. 4）。

第一に、ロシアの独立系報道機関メディアゾナとＢＢＣのロシア部門の合同調査では、死亡記事、墳墓埋葬記録などの公表データに基づき、二〇二四年一一月までのロシア兵戦死者数を七万八、〇〇〇人まで確定した。これにはウクライナの親露派分離主義者や、外国人傭兵は含まれていない（同じ手法――ただし透明性は低い――で確認された同時点までのウクライナ側の戦死者数は六万五、〇〇〇人）。ただ公表記録に残らない形で戦死した兵士も多く、この数字は不完全であり、調査した記者たちによると、実際のロシア兵死者の約半分しか記録されていないという。そこから推計すれば、ロシア兵戦死者実数は、約一五万人強ということになる。

第二に、別の独立系報道機関メデューザがメディアゾナとＢＢＣと協働して行った統計分析もある。その手法は、公証役場などで公表された相続情報をベースにして、まず軍役従事可能な年齢のロシア人で、ウクライナ侵攻開始後、死亡し相続手続対象になった者の総数を算出し、そこから、パンデミックの死者推計で発展させられた「超過死亡（excess mortality）」分析の方法を使って、戦死者数を割り出すものである。それによると、二〇二四年一〇月末までのロシア兵戦死者数は約一五万人である。これは第一の手法による推計とほぼ合致する。

第三に、戦線復帰不能な重症戦傷者数については、メデューザ、メディアゾナ、ＢＢＣの合同調査で次のように推計されている。その手法は、軍事専門家からの収集情報、ロシア軍の漏洩された人事異動記録、退役兵の補償金支払い記録などをベースにしたもので、それによると、戦死者一人に対し重症戦傷者は二人強存在する。この比率は概略的近似値で、使用武器、医療装備、気候、戦術などの要因によって変動する。この手法により、メデューザはロシア兵重症戦傷者を四〇万五、〇〇〇人と推計しているが、同様な手法を使ったＢＢＣの分析者は、四八万四、〇〇〇人と推計している。

ウクライナやＮＡＴＯ諸国は、ロシアの戦力消耗数を六〇万人から七〇万人と推計しているが、その算出根拠・算出手法は明らかでなく、また戦傷者についての戦線復帰可能な軽傷者と不能な重症者の区別も明確にされていない。しかし、上記のような比較的信頼可能性の高い分析手法による推計でも、ロシア兵の戦死者は一五万人強、重症戦傷者は四〇万人強から四八万人強の間で、文字通り「失われた兵力」としての兵力損耗数は六〇万人前後であると言える。

第二章第三節(3)で見たように、侵攻後二年の二〇二四年二月下旬の時点で、BBCが独立系メディアと協働で行ったロシアの兵力消耗推計では、戦死者約五万人、戦場復帰不能な重症戦傷者は三〇万人強であった。そこでの戦死者五万人は記録により特定できた者をカウントした数だから、先の二〇二四年一一月時点の一五万人という戦死者推計の場合と同様、実際の戦死者の半分しか記録されていないとすると、戦死者実数は約一〇万人だったことになる。この数値によるなら、侵攻後二年経過時点から約九カ月後の侵攻後一〇〇〇日目で、戦死者数は約一・五倍になり、重症戦傷者数はBBCの分析者の推計によるなら六割増えている。要するに、過去の一年分の兵力消耗数に九カ月で達したことになる。侵攻後三年目は、ロシアが攻勢をそれまで以上に激化させ占領地を再拡大したが、それはそれ以前の二年間よりも急速に増大するロシア兵の人的犠牲というコストを払った上での「成果」だったことが分かる。

■志願兵・「輸入兵」調達の政治的限界

このロシアの兵力消耗数は、第二次世界大戦後の戦闘の中で最大のものである。二〇二四年六月にロシア防衛相は軍役従事可能なロシア人は三一三〇〇万人いると豪語したが、国民の不満の爆発を避けられる政治的限界数は、いうまでもなくこれより遙かに小さい。いま、ロシアが北朝鮮から兵力を「輸入」し、戦地に投入しているのは、ロシア兵の調達が政治的限界に達しつつあることをロシア政府が意識しているからである。さらに、ロシア人について、強制的な徴兵は難しくなっているので、政府は、兵士の給与や退役後の特典などの待遇を高めて、志願兵をロシア人から募る努力をしており、二〇二四年前半で毎月九〇〇〇人が志願してきた（cf. Anatoly Kurmanaev, *op. cit.*）。

しかし、他方で、ロシア政府は財政難のため、二〇二四年一一月一三日に負傷軍人への補償金を大幅にカットする大統領令を発し、兵士とその家族が不満を表明している（参照、https://www3.nhk.or.jp/news/html/20241114/k10014638701000.html）。この状況は、政府の志願兵待遇改善策の実現可能性を疑わせ、失われたロシアの兵力をロシア国民によって穴埋めするのを難しくしつつある。実際、二〇二四年夏以降は、新規志願兵数はそれまでの月九〇〇〇人から五〇〇〇人ないし六〇〇〇人くらいまで減少している。英国国防省は二〇二四年一二月にロシア兵の死傷者数は一日当たり一、五〇〇人以上に達していると発表しており、ロシアの新兵調達数は兵力消耗数にはるかに及ばなくなっている（参照、https://news.ntv.co.jp/category/international/9ad2257c18d748babd0f642bead7c188）。

北朝鮮から一万一、〇〇〇人の兵士がロシアに派遣され訓練中で、二〇二四年一〇月段階で既に、クルスク州の戦線に二、六〇〇人が送られたようだが、彼らは戦場に送られることを知らずに派遣され、実態を知った北朝鮮兵の間には動揺が広がっていると、北朝鮮で長い軍歴のある脱北者が称えている（参照、https://www.yomiuri.co.jp/world/20241019-OYT1T50137/、https://www.yomiuri.co.jp/world/20250101-OYT1T50003/）。

二〇二五年一月初旬には、一万人を超える北朝鮮兵がクルスク州に派兵されたが、そのうち三、八〇〇人がウクライナ軍の攻撃で死傷したとゼレンスキー大統領は発表している（参照、https://www.yomiuri.co.jp/world/20250106-OYT1T50134/）。この損耗を補填するために北朝鮮兵が追加的に派遣される可能性はあるが、いずれにせよ、北朝鮮からロシアが自国の兵力損耗を補うに足るだけの十分な兵力供給を得るのは無理だろう。そう考えられる理由は以下の通りである。

第一に、北朝鮮は経済的疲弊で一般の兵士の待遇も劣悪化し栄養状態・健康状態も全般的に良好とは言えないため、ロシアには北朝鮮の「精鋭部隊」——彼らの姿を公開した報道動画から彼らの身体的状態も万全とは言えないとの疑問も生じているが、この点は度外視する——が送られているが、その兵士たちは北朝鮮にとっても希少な軍事資源で、金正恩としても、ウクライナとの戦闘でロシア兵の代わりに「捨て駒」として北朝鮮派遣兵が「消尽」されるのを無制限に許すことはできない。

第二に、ロシアで自国よりいい待遇を受けながら後方支援をすればいいと思っていたところ、戦場に送られ「捨て駒」にされることを知った北朝鮮兵の間では、士気が低下するだけでなく、ウクライナ側に投降して、これを「脱北」の機会として利用するインセンティヴが高まるだろう。実際、ウクライナはこれを見越して、朝鮮語で書かれた投降呼びかけチラシを北朝鮮兵のいる前線にばらまいている（参照、https://www3.nhk.or.jp/news/html/20241031/k10014624551000.html）。金正恩への忠誠心や、反逆への報復に対する恐怖心から戦死を選ぶ北朝鮮兵もいるだろうが、祖国に騙されて外国軍のための捨て駒にされることへの怒りから、「脱北」の冒険をする北朝鮮兵もいるだろう。脱北ルートの新規開拓につながるロシアへの北朝鮮兵派遣を増大させることについては、金正恩も慎重にならざるをえないはずである。

以上見たように、北朝鮮からの「兵力輸入」は、ロシアの兵力損耗の実効的な補填手段にはならず、むしろ逆に、こんな「頼りにならない方便」に頼らざるを得ないほど、ロシアにとって自らの兵力損耗を補填することが困難になっている現状を露呈している。

■北朝鮮によるロシアへの兵力提供の国際政治的インパクト

北朝鮮からのロシアの「兵力輸入」に触れたので、ここで、これが、兵力損耗補塡効果を越えたより大きな地政学的インパクト、しかもロシアにとって不利なインパクトをもつことも付記しておきたい。

ロシアと北朝鮮との軍事同盟が、北朝鮮によるロシアへの弾薬・兵器提供にとどまらず、北朝鮮兵をロシアに送り、ウクライナとの戦闘でロシアを支援させる地点まで進んだことは、ウクライナの反発だけでなく、北朝鮮とロシアの接近を警戒する他の諸国の反発も招き、このことが、ロシアにとっては、好ましからざる国際政治的帰結も同時にもたらしている。

第一に、韓国が反発を強めている。北朝鮮がロシアへの兵力提供にまで踏み込んだのは、見返りにロシアの高度の軍事的技術を提供してもらうためであるのは言うまでもない。これは韓国にとっては、北朝鮮の核開発で高まっている自国に対する軍事的脅威をさらに高めるものである。韓国は世界有数の軍事大国で、兵器生産能力も高いが、これまでウクライナ戦争では、直接にウクライナに武器提供することは控え、ウクライナを軍事的に支援する西側諸国に、これら諸国が自国のために必要とする弾薬を補塡するという形で間接的に軍事支援していた。しかし、ロシアと北朝鮮の軍事的提携強化に対抗して、尹政権はウクライナへの直接の兵器提供も検討することを、訪韓したポーランドのドゥダ大統領との会談後に表明し、対露強硬姿勢をとるポーランドとの韓国の安全保障・防衛産業における協力強化に合意した（参照、https://www.bloomberg.co.jp/news/articles/2024-10-24/SLUTD4T1UM0W00）。

第二に、北朝鮮がロシアとの軍事的協力を強化することは、以下の点で中国を苛立たせている。①対露制裁を控え、経済的にロシアを支援しながらも、平和と秩序を強調する姿勢をとってきた中国にとっては、自国の子分的存在たる北朝鮮がロシアへの兵力提供にまで進み、ウクライナ戦争の世界的拡大に拍車をかけているのは中国の戦争抑制言説を掘り崩してしまう。②ロシアが軍事面で北朝鮮への支援を強めることは、中国の北朝鮮に対する統制力を低下させる。③ロシアと北朝鮮の軍事同盟強化が、それに対する米国とその同盟国の対抗として、日米韓の軍事的協力を強化し、さらにはＱＵＡＤ（日米豪印戦略対話）の強化にまで進み、アジアにおける中国への米国主導の軍事的包囲網も強化されることが予想される。中国は、ロシアがこのような中国への不利な影響を無視して北朝鮮との軍事同盟関係を強化することを、中国に対するロシアの背信行為とみなすだろう（cf. David Pierson and Choe Sang-Hun, "North Korea tests China with troops in Russia," in *The New York Times*,

International Edition, October 25, 2024, pp. 1, 5)。

今回の北朝鮮のロシアへの兵力提供に最も強く反発しているのは韓国だが、北朝鮮のこの行動は韓国がかつて米国に対して行ったことの縮小形における模倣という面がある。韓国はベトナム戦争の際に米国に約三二万人もの兵力を提供した。この韓国部隊はベトナム戦争に米国側に立って参戦した外国人部隊で最大のものであった。その見返りに、韓国は米国から軍事力近代化のための強力な支援を得ただけでなく、その後の経済発展のための低利の借款を提供された（cf. Pierson and Ang-Hun, op. cit., p. 5）。逆に言えば、韓国は自らの経験に基づき、北朝鮮のロシアへの兵力提供が北朝鮮の軍事力・経済力増強に大いに資するだろうことを見抜いているからこそ、強く反発していると言える。

ロシアは当然、北朝鮮との軍事同盟強化がもつ、このような自国に不利な地政学的インパクトも自覚しているはずである。北朝鮮からの兵力輸入を無制限に拡大できない理由はロシア側にもある。

■徴集兵の戦地派遣の政治的限界

志願兵や「輸入兵」で兵力損耗を十分補塡できないとなれば、最後の手段は強制的な徴兵の拡大である。しかし、ロシアでは志願兵ではない徴集された新兵はウクライナ戦争の戦地には送らないという方針が、国民の反発を恐れるプーチンによってとられてきた。この方針がいまや維持できなくなったため、徴兵拡大により国民の不満が高まる政治的リスクは一層増大していることが指摘されている（cf. Neil MacFarquhar and Milana Mazaeva, "Young draftees at the front," in *The New York Times*, International Edition, September 4, 2024, pp. 1, 4）。

前章一五九－一六〇頁で触れたように、侵攻初期には徴集兵も戦地に送られていたが、それを知った国民の反発で、ロシア政府は徴集兵の戦地派遣に自制的になり、徴集兵は、主として戦闘のない国境の警備に使われていた（少なくともその建前が維持されていた）。ところが、ロシアが予期しなかったクルスク州へのウクライナの越境攻撃で、六〇〇〇人のロシア兵がウクライナ軍の捕虜になったが、その中に徴集兵も多く含まれていた。このウクライナの越境攻撃後、クルスク州に防衛兵力補充のために新たに派遣された徴集兵もいる。

ただでさえ、既述のようなロシア兵の戦死傷者数の激増により、徴集兵を戦場に送らないという方針を堅持することは難しくなっていた。ここにきて、ロシア固有領内に侵攻するウクライナの戦術転換の結果、戦闘発生可能地域が拡大したことにより、この方針は建前上も転換される可能性が高い。

ロシアの現行法上、一八歳から三〇歳までの男子が徴兵対象であり、毎年約三〇万人が、春と秋に半分ずつにわけて徴兵される。法律は十分な訓練なしには戦地に徴集兵を派遣してはならないと定めているが、法定の最小限訓練期間は四カ月にすぎない。逆に言えば四カ月の訓練で戦場に送れるということである。しかも、志願兵は月給二、〇〇〇ドルだが、徴集兵のそれは名目上二五ドルという小額である。戦争長期化と拡大、戦死傷数激増で、新たな兵力補充を必要とするロシア政府にとっては、徴集兵は待遇改善するとしても、コストが志願兵よりは小さい兵力供給源として無視できない。軍事ブロガーたちは、息子が戦場で闘うことに反対する親をバッシングするメッセージをSNSで流している。

しかし、刑務所から解放されるために戦地に行く囚人や、高給目当ての志願兵に対して関心が低いロシア人も、十分な訓練もなく待遇も悪い徴集兵が戦地に送られることに対しては強い反発をもつ。ウクライナ侵攻への反対運動は政府の厳しい弾圧により封じ込められており、街頭デモなどはない。それでも、ウクライナによるクルスク州侵攻後、徴集兵の戦場派遣に反対する一万二、〇〇〇人以上の署名のある嘆願がなされた。

カーネギー財団のロシア安全保障問題専門家のダラ・マシコットは、訓練の不十分な徴集兵を戦場に送るのは、「限定的な軍事的利益のために重大な政治的リスクを冒すことになる」

と指摘している（cf. Neil MacFarquhar and Milana Mazaeva, *op. cit.*）。即製の徴集兵を大量に戦地に投入しても、ウクライナの攻撃に対する「肉壁」にされるだけで、「限定的な軍事的利益」しか得られないが、徴集兵の人的犠牲は大きい。徴集兵の犠牲は国民の不満・怒りを昂進させ爆発させる政治的リスクが志願兵の場合よりはるかに大きい。徴集兵戦地投入は、ロシアの兵力損耗を補塡するための最後の切り札だが、軍事的利益に比して政治的リスクが大きすぎるため、プーチンにとっても、使うのが難しいカードである。徴集兵を戦地に投入せざるを得なくなったとしても、大量に投入するのではなく、目立たない仕方で、目立たない程度にしか投入できないであろう。

以上、ウクライナに対するロシアの攻勢激化の帰結でありながら、その背後に隠されたロシアの軍事的脆弱性を、兵力損耗の深刻化に焦点を当てて指摘した。兵力は軍事力の人的基盤だが、国家の軍事力を支える物質的基盤は最終的にはその経済力である。ロシアは天然ガス・石油など豊富なエネルギー資源をもち、欧米の対露経済制裁の抜け道もしたたかに開拓しているため、その経済力は強靭であるとする観測も一時広がった。しかし、ウクライナ侵攻の長期化はロシアの軍事力だけでなく、経済力もじわじわと消耗させつつある。以下、この点を説明したい。

(3) ロシアの経済的脆弱性

■二〇二四年末におけるロシア経済の状況

ウクライナ侵攻後三年近く経った二〇二四年末現在のロシア経済の状況をまず確認しておこう。ロシア経済は、侵攻後、対露経済制裁の効果で一旦打撃を受けたが、制裁回避ルートの開拓と軍需による景気浮揚効果で成長率を回復向上させた。しかし、その後ロシアの経済・財政担当機関は、インフレ抑制と、中国等からの輸入増加に対応するためルーブルの価値を引き上げる必要から、金利上昇政策を続け、これが企業経営を圧迫し、倒産件数も増やし、現在再び、ロシア経済は成長率が低下する兆しを見せている（参照、https://news.yahoo.co.jp/articles/baa55257fe9e5bedb0916e15d73ac38f58daa617）。

より立ち入った分析として、次のような問題点が指摘されている（cf. Anatoly Kurmanaev, "Rifts appear as slowing growth hits Russian elite," in *The New York Times*, International Edition, December 4, 2024, pp. 1, 9）。高まるインフレの抑制と急落するルーブルの下支えのため、ロシア中央銀行は金利をソ連終焉後最高の二一％にまで上げたが、これが民間部門の資金調達を困難にし、政府の手厚い保護を受ける軍事部門以外の企業の業績を悪化させ、投資力を低下させている。中央銀行は、二〇二四年の経済成長率が三・五－四・〇％だったのに対し、二〇二五年の経済成長率予測を〇・五－一・五％に下げた。インフレで物価が上昇するにも拘らず、景気が低迷するというスタッグフレーションにロシア経済は陥っていると見られる。

根本的原因はウクライナ戦争による過大な軍事支出と、欧米の対露経済制裁の持続的強化――ロシアの制裁回避ルートを追究・遮断する対策の積み重ねを含む――の効果だが、不満をもつ起業家たちは、プーチンの怒りを買うウクライナ戦争批判は控えざるを得ないため、不満のはけ口を、高金利政策を続ける中央銀行の総裁、エリヴィラ・ナビウリナに向けている。

中央銀行は、現在のプーチン体制下で唯一独立性を保障されてきた政府機関であり、ナビウリナは年間九％のインフレを二〇二五年に半減させるには、二一％の金利設定が必要だとして高金利政策を経済安定化に不可欠とする姿勢を貫いている。しかし、中央銀行批判をするロシアのエリートたちの中には、ロシア首相でプーチンの経済顧問でもあるミハイル・ミシュスティンなどプーチン側近も含まれており、ナビウリナへのプーチンの支持が陰りつつあるとの見方も出ている。

ここに示されたようなロシア経済の失速とそれをめぐる政府内部の対立は、次のように理解できるだろう。ナビウリナはプーチンの愚かな侵略戦争がロシア経済に与えている負の効果を最小化するダメージ・コントロールをして、プーチンの尻ぬぐいをしてきた。それにも拘わらず、ロシアの経済的困難の根本的原因であるプーチンの侵略戦争続行姿勢を批判できないプーチンの取り巻きが、彼女をスケープ・ゴートにして、成長率低下の責任転嫁を図ろうとしているわけである。

■ロシア経済の先行き

第二章第三節(3)で、二〇二四年五月段階では年間インフレ率は七%と査定されているとしたが、いまや年間九%になっており、物価高の進行がロシア国民の経済生活に影を落としている。それでも、ロシア国民の実質賃金もウクライナ戦争開始後から一八%上昇してインフレ率より高いため、国民の生活水準はまだ低下していないようである。また、ロシアはまだ戦費調達手段を色々有している。ロシア経済の減速はプーチンに直ちに戦争遂行を再考させるような危機をいまもたらしているとまでは言えない。

しかし、今後、このような危機が顕在化する可能性は十分ある。国民の賃金上昇は、戦地に投入される兵力の増加による労働力不足と、軍事産業の雇用増大の結果であり、民需部門の一般民間企業にとっては、その経営を圧迫する要因になっている。何よりも、軍事部門のみが繁栄し、民間企業が生産性向上のための投資能力を殺がれ、中央銀行の独立性が脅かされる状況が続けば、ロシア経済は健全性を失い、未来に明るい展望は開けなくなっていくと見られている（cf. Anatoly Kurmanaev, *op. cit.*）。

特に、インフレはロシア経済の「時限爆弾」になりつつある。既述のようなプーチンの取り巻きの政財界人たちによるナビウリナ批判にプーチンが乗って彼女を失脚させ、その高金利政策を止めるなら、インフレが抑制を失って暴走し、物価高騰が国民生活により深刻な打撃を与える可能性もある。さらに、第一章第五節(2)でも触れたように、軍事支出の膨大化と天然ガス・石油輸出収入の低減などにより、ロシアの財政逼迫は深刻化している。国債発行で穴埋めしてきたが、既に外貨建て国債はデフォールトに陥り、ルーブル建て国債を増発しているものの、国内銀行の引き受けは限界に近づいており、中央銀行による国債買い入れという禁じ手に訴える可能性・必要性も浮上しており、この禁じ手が取られるなら、マネー膨張によるハイパーインフレーションにロシア経済は突入する危険性がある（参照、https://president.jp/articles/-/71193）。

欧米の対露経済制裁にも拘わらず、ロシア経済がなんとか持ちこたえてきた要因として、いまや経済大国化している中国と、インドをはじめとするいわゆる「第三極」の国々がこの経済制裁に参加せず、ロシアとの交易を積極的に行ってきたことがある。しかし、中国、インド等の第三極諸国もロシアとの経済関係を自国利益に資する限りで維持する姿勢を貫いており、これらの諸国へのロシアの経済的依存は、ロシアの経済的脆弱性を生む要因にもなっている。以下、この点につき敷衍しよう。

■天然ガス・石油資源取引に見られるロシアの脆弱性

ロシアは対露経済制裁に対抗して、ロシアの天然ガスに依存していた欧州諸国に、天然ガス供給停止の脅しをかけたが、皮肉にも、これが欧州諸国において天然ガスのロシア依存からの脱却を進めた。その結果、欧州向け天然ガスが行き場を失って、国営天然ガス企業ガスプロムが、二〇二三年に、六九億ドル（一兆一、〇〇〇億円）の大赤字を出した。年間損失を出したのは二〇年ぶりである。

この欠損を埋めるべく、ロシアは中国への天然ガス供給を増やすため、新たなパイプライン「シベリアの力2」の建設をめぐって、中国と交渉を続けてきた。しかし、第一章第五節

(2)でも触れたが、この交渉は中国側が難色を示し停滞したままである。より正確に言えば、中国がきわめて高飛車な要求をしているため、交渉が頓挫しているのである。

中国はこの機会を自国に有利に利用すべく、ロシアが補助金を使って割引販売しているロシア国内価格と同じレヴェルまで値下げを要求しており、しかも、ロシアが求めるほどの大量購入の約束はせず、あくまで、自国の需要を満たす範囲での購入に止めようとしている。その結果、両国間の交渉が難航しているが、交渉力において優位にあるのは中国で、欧米と縁を切ったがために中国に依存せざるを得なくなっているロシアは中国に弱みを握られている。中国とロシアは「限界の無い友好関係」を謳ったが、もともと、国家間にそのようなものは存在しない。自国にとって不利なことまでして他国を助けないという「友好関係の限界」は、中国の対露外交においても厳として存在している（参照、https://forbesjapan.com/articles/detail/72010）。

インドも、ロシア石油を大量に購入してきたが、ロシアに価格を割り引かせた上での購入である。しかも、インドはより安い価格を求めて購入先を変動させており、二〇二四年一月のロシアからの石油輸入額は、二〇二三年のピーク時より、三五％減少している（参照、https://www.nikkei.com/article/DGXZQOGM094XO0Z00C24A2000000/）。

ロシアは西側世界との関係を絶っても、中国やインド、グローバル・サウスとの連携を強化することで、経済力を維持強化しようとしてきたが、これら「非西側」の諸国も、一枚岩ではなく、それぞれ自国の国益を最優先しており、ロシアに協力するのは、それが自国の利益になる限りにおいてである。ロシアは西側との経済関係で失ったものを、非西側に求めようとしても、そのこと自体がロシアの弱みであり、ロシアの足元を見て、非西側の国々がロシアから「うまい汁」を吸おうとするのは「国家理性」からして当然である。ウクライナ戦争の長期化による消耗で、ロシアがこれらの国々に「うまい汁」を吸わせる余裕を段々なくしてゆくと、これらの「ロシアのお友達」も離れていくだろうことは当然予想される。

■対中経済依存が招くロシアの中国に対する政治的脆弱性

ロシアの弱みに付け入る姿勢を最もはっきり示しているのは、皮肉にも、ロシアが反西側陣営の最大の盟友として頼りにしてきた中国である。中国はロシアが西側の対露制裁への対抗で中国依存を深めているのを見透かして、経済的取引で既述のように自国に有利な条件をロシアに押し付けようとしているだけでなく、領土問題についてもロシアに対し強圧的な態度をとっている。経済問題を越えた政治問題に関わるが、中国に対するロシアの経済的依存性が中国に対するロシアの政治的脆弱性にもつながる危険性をもつことをロシアに自覚させる事例なので、ここで付記しておきたい。

ハバロフスク近郊で、アムール川とウスリー川の合流地点にある大ウスリー島（中国名：黒瞎子島）について、中露間で領土紛争があったが、二〇〇四年にロシアと中国で半分ずつ領有することで合意していた。しかし、二〇二三年八月末に中国の自然資源部が発表した中国領土の公式地図では、全島を中国領として表記した。中国外務省の汪文斌報道官はこの地図について、「法に基づき中国の主権を粛々と行使しただけ」であると述べ、「関係各国が客観性と冷静さを保ち、この問題を拡大解釈しないことを望む」と付け加えた。

実は、フィリピン、マレーシア、ベトナム、台湾、インドも中国と領土につき係争中だが、この地図はこれら諸国との係争地域も中国領土と表記していた。インド、フィリピン、ベトナムは当然ながら中国の一方的な主張を示すこの地図に抗議をした。大ウスリー島はいまや係争地ではなく、その半分はロシアのものであることが中露の協定で定められた土地である。それにも拘らず中国がこの島全部を自国領土と表記したのは、ロシアを完全になめきった行為である。しかし、なんと、ロシア政府は、これほど中国になめられたにも拘らず、領土問題は解決済みだとするだけで中国政府に対し特段の抗議をしていない。大ウスリー島周辺のロシア住民は中国に対し不信感を示し、ロシアの政治学者ら専門家も、ロシアが沈黙すれば、中国がロシアの足元を見て領土要求をさらに増長させるリスクがあると警告するが、ロシア政府は中国政府に対する抗議を回避している（参照、https://www.tokyo-np.co.jp/article/279616）。

ロシア政府の中国に対するこの弱腰は、先述の「シベリアの力２」計画の交渉をめぐる中国の高飛車な姿勢の問題とも併せて、ロシア国内の保守派・タカ派からの反発を強め、彼らをしてロシア政府に対し中国への経済的依存性低減の圧力を高めさせる可能性がある。対露経済制裁に対抗する上で中国への経済的依存が不可欠とみなすロシア政府は、このような要請には簡単に応じられないだろうが、侵略戦争推進のための対中経済依存が、侵略戦争推進を強く支持するタカ派の反発を招くというのは、ロシアにとって侵略戦争推進の邪魔になる悩ましいディレンマであろう。

■インドのロシア離れ

中国と並んで、ロシアが経済的に大きく依存しているインドも、欧米の対露経済制裁には加わらないものの、ロシアに対しても、自己利益追求を最優先する厳しい姿勢を示している。インドは既述のように、ロシアから石油を大量に輸入することでロシア経済を支える一方、石油価格はロシアに割り引かせるなど、したたかな自国優先主義をとっており、「ロシアの友」とは言い切れない面をもっていた。最近では、さらに進んで、軍事関係と直結する武器取引でも、ウクライナおよび同国を支援する西側と接近し、ロシアとの間に距離をとる動きを見せている。

まず、インドはウクライナ支援になる武器取引に踏み切っている。インドは自国製弾薬を、イタリアやチェコなど欧州諸国を経由する形だが、ウクライナに供給していることが報道された（参照、https://jp.reuters.com/world/ukraine/OL72HDWTHZKUFFHOF3SBH6IEZ4-2024-09-19/）。また、インドはロシアから大量の武器を輸入してきており、二〇一九年－二〇二三年の期間ではロシアの武器輸出の三六％はインド向けであった。しかし、ウクライナ戦争が長引き、ロシアが自国製武器を自家用消費に回さざるを得なくなり、インドの注文に応じられなくなるにつれ、インドは自国の軍事需要を満たすため、ロシアからの武器調達予算を削減し、武器調達先をロシアから他国へ移しつつある。特に、高性能武器生産能力が豊かな米国との協力の必要性が高まり、老朽化しているロシア製歩兵戦闘車に代わる米軍装甲車ストライカーを米国と共同生産する計画を進めている（参照、https://www.

newsweekjapan.jp/stories/world/2024/07/post-105029.php）。

インドは、これまでロシアと「不即不離」の関係を保つ方針できたようだが、ロシアとの交易で得られる「旨味」が低減してきたのを見越して、ロシア離れの方向に傾きつつあるようである。このことは、モディ首相の最近の外交的活動にも表れている。モディは、二〇二四年七月にロシアを訪問し、プーチンと会談して友好関係の外観を取り繕いながら、八月二一－二二日にはロシアを警戒してウクライナを支援するポーランドを、インドとの外交関係樹立七〇周年を記念して訪問し、ポーランドとの共同声明で、両国の関係を「戦略的パートナーシップ」に格上げする決断をしたことを表明した（参照、https://www.newsweekjapan.jp/stories/world/2024/08/post-105542.php）。

さらに八月二三日にはウクライナを初訪問し、ゼレンスキー大統領とも会談している。ゼレンスキーはインドのロシア寄り姿勢を非難していたが、モディはゼレンスキーに対し、インドは中立姿勢をとってはおらず、常に平和を追求しており、ウクライナ戦争終結にむけて協力する用意があること、七月のプーチンとの会談で「戦場では戦争は解決しない」と述べたことを伝えた。またウクライナ歴史博物館を訪問して、ロシア侵攻で犠牲になったウクライナの子供たちを追悼する施設の展示もゼレンスキーと共に見て、慰霊台の前にしゃがんで縫いぐるみを置き、ウクライナ国民に哀悼の意を伝えた（参照、https://www.bbc.com/japanese/articles/c2kjpjyy2pvo）。

■「神の碾《ひ》き臼」は回り続ける

以上、ロシア経済の脆弱性を、成長率鈍化、超高金利政策、インフレの昂進、財政逼迫、金融・経済政策をめぐる政府内対立の激化、労働力不足、中国やインドなど非西側諸国への経済的依存の逆機能性など、様々な要因に即して説明した。ロシア経済を蝕むこれらの病因は結局、プーチンが膨大な火力・兵力を蕩尽してウクライナに対し侵略戦争を強引かつ執拗に続けていることから発している。

第一章の本文末尾で、「欧米の対露制裁は神の碾き臼（the mills of God）のようなものだ。それはゆっくりとすり潰すが、非常にきめ細かくすり潰す」という経済評論家ピーター・コイの譬えを引用した。この比喩を拡大適用して言うなら、対露経済制裁に加え、それに対抗して侵略戦争をしゃにむに続行するためロシア自体が作り上げた戦時経済体制が、ロシア経済を「神の碾き臼」のように、ゆっくりと磨り潰しつつある。経済的危機は潜伏期間の長い感染症のようなものである。危機因子がはじめは目立たない形で蓄積され、それが一定の閾値に達すると、危機が一挙に噴出し加速度的に拡大する。「神の碾き臼」は、はじめはゆっくりと回るが、やがてその回転を止め難く加速させるだろう。

本節前項(2)で明らかにしたように、「神の碾き臼」はロシアの軍事力も磨り潰しつつある。ここで本節(1)の末尾で述べた「トランプへの進言」を再提言して、本節の議論を括りたい。

ドナルド・トランプよ、「プーチンの言いなりになって、自らが簡単にできると豪語した停戦を実現できない、口先だけの無能で弱い米国大統領」という汚名を歴史に残したくないだろう。そうであるなら、目下のロシアの攻勢で高圧的になっているプーチンをして、ウクライナも呑めるような停戦案を協議するまともな交渉のテーブルに就かせるために、ウクライナ軍事支援を維持強化して、侵略戦争の続行がロシア自体の、そしてプーチン自身の首を絞めるものであることを彼に自覚させよ。軍事力で自己の目的を強引に実現しようとする侵略者を、まともな平和交渉に参加させられるのは、軍事力では目的を実現できないことをその侵略者に自覚させたときのみである。

プーチンに高圧的姿勢をとらせる目下のロシアの「大攻勢」は、その限定的な「成果」に見合わない膨大な軍事的・経済的コストによってもたらされたものであり、さらに西側諸国のウクライナ支援の遅れと迷いが助長したものである。ロシアはその軍事的・経済的体力を既に相当消耗している。西側世界が、とりわけ米国が、決然とウクライナ支援を維持強化するなら、ロシアの大攻勢は長く続けられるものではない。ロシアをつけあがらせず、己の軍事的・経済的脆弱性を恐れざるを得なくすることが、その侵略戦争を終わらせる早道である。

三　イスラエルにパレスチナを奪わせるのか

(1)　専横化するイスラエル

■イスラエルによる占領地支配の永続化とアパルトヘイト化

本章第一節(2)で触れたように、ガザ戦争勃発後、西岸地域においてもイスラエルの軍事攻撃が広がると同時に、武装植民者によるパレスチナ住民に対する土地収奪と暴力も激化し、イスラエルの警察や軍はそれを黙認している。さらに、そこで示唆したように、ガザ北部の無人化が狙いとみなされるイスラエル軍の戦闘方式の背景には、イスラエル人入植地域のガザへの拡大の意図があるとも思われる。ガザ戦争がイスラエルの自衛戦争を口実にしたパレスチナ略奪戦争に変質しているのではないかと疑う所以である。

イスラエルの入植政策の実相を認識し評価するために、西岸のパレスチナ人に対するイスラエルの暴力的支配の実態を見る必要がある。西岸地域でのイスラエルの横暴は今に始まったことではなく、一九六七年、第三次中東戦争に圧勝してゴラン高原、ガザ、シナイ半島と並んで西岸を占領して以来、イスラエルが西岸に対して推し進めてきた国家的計略である。イスラエルの人権NPO「ベツレヘム」や「イスラエル公民権協会」のディレクターを務め、パレスチナのイスラエル占領地域の人権状況を監視してきたハガイ・エル・アドによれば、イスラエルの占領地支配は次のような点で、「アパルトヘイト」化しているという（cf. Hagai El-Ad, "In Israel, the reality of one state," in *The New York Times*, International Edition, September 18, 2024, pp. 1, 13）。

戦争による占領地の永続的支配は国際法上違法であるが、イスラエル政府は西岸支配が「一時的・暫定的（temporary）」という口実で合法性を取り繕ってきた。イスラエルの裁判所も政府のこの口実を認めて西岸支配の違法性判断を控えてきた。しかし、実際は、一九六七年以降、イスラエルによる西岸地区支配を永続化するだけでなく、パレスチナ人を二級市民化する次のような施策が持続的に進められてきた。

第一に、イスラエル人の西岸入植者は増加する一方であり、入植者によるパレスチナ人からの暴力的土地収奪が放置されてきただけでなく、電力・水道も含む西岸のインフラの構築・維持もイスラエルが行い、入植を恒久化する投資が行われている。

第二に、パレスチナ自治政府は西岸地区統治について実質的権限をもたない。イスラエル占領軍がイスラエル入植者を保護する一方、パレスチナ人の権利主張は無視され、奪われた土地への立ち入りを禁じられ、建築許可申請も九五％が棄却され、パレスチナ人だけが司法裁判所ではなく、軍事法廷で裁かれる。入植者の選挙権や教育を含む法的地位については、イスラエル本国の法制がそのまま適用される。かつてイスラエルの選挙についてはイスラエル本国でする ことになっていた入植者の投票も、西岸地域で実施されるようになった。西岸パレスチナ住民は実質的にイスラエルによって支配され、権利剝奪されているにも拘らず、イスラエル国民とはみなされず、入植者が享受している法的保護を受けられない。

このような施策は、ネタニヤフ政権だけでなく一九六七年以降のイスラエル国家の、党派を横断する基本方針である。オスロ合意に労働党ラビン政権の外務大臣として署名したシモン・ペレスも、一九七五年に西岸占領地について「現下の論題は入植の必要性ではなく、その地理的範囲でもなく、入植を組織化する手続である」と述べている。いまや、西岸では二五〇以上の入植地が建設され、入植者数は七〇万人以上（イスラエルのユダヤ人人口の一〇分の一）に上っている。単に西岸占領が既成事実化・永続化されているだけでなく、パレスチナ人からの法的保護剝奪を構造化する仕方で行われており、これはアパルトヘイトと同じである。

イスラエルは二国家解決を拒否しているだけでなく、パレスチナ人をイスラエル国民と同じく単一のイスラエル国家の支配（平等な法的統制と法的保護）に置くことすら拒否して、アパルトヘイト的なパレスチナ人の抑圧を現実に既に行っている。[18] オバマ政権下で国務長官を務めたジョン・ケリーは一〇年以上前に、このままではイスラエルはアパルトヘイト国家になるだろうと警告したが、既に、そうなっている。

ハガイ・エル・アドはイスラエル人の人権活動家であり、イスラエルの西岸支配の右のような実態に対する彼の厳しい指摘には、パレスチナ自治政府やハマースの反イスラエル・プロパガンダとは異なる「イスラエルの自己批判」としての重みがある。彼が指摘する通り、占領地を「我が物」として永続的に支配することが、イスラエルが一九六七年の第三次中東戦争圧勝後、持続的にとってきた国策であり、入植者の増大とともに、パレスチナ人からの土地収奪と彼らの二級市民化・無権利化が組織的に推進されてきた。今般のガザ戦争がいつ終結するか不明だが、軍事的にはイスラエルの圧勝に終わるのはいまや確実であり、イスラエルが「勝者の戦利品」として西岸のみならガザで更なる占領地と入植地の拡大を図ることは十分考えられる。

■マイケル・ウォルツァーの「ポケベル爆弾」テロ批判

ガザ戦争におけるイスラエル軍の軍事行動が、「略奪戦争への変質」の問題とは別に、軍事的成果との均衡を失した膨大な数の民間人を犠牲にしている点で、国際人道法を核とする交戦法規違反の問題を孕むことは、第二章第二節(2)・(3)で論じた。イスラエルはパレスチナの民間人から土地を奪うだけでなく、それ以前にその生命を多く奪っている。交戦法規違反の問題は既述のように、ガザ住民攻撃において最も悲惨な形で現出しているが、それはいまや、ガザ戦争拡大の帰結たるレバノンのヒズボラとイスラエルとの戦闘においても現出している。後者は、規模からいえばガザ住民攻撃より小さい問題に見えるかもしれないが、イスラエルが「目的のために手段を選ばない」冷酷な戦闘方法を採用し、戦闘手段を人道的に統制する交戦法規の精神を踏みにじっている点では、ガザ住民攻撃と同様の重大な問題を孕むので、ここで触れたい。

問題の戦闘方法は、ヒズボラのメンバーに配られたポケベル（pagers）やトランシーバー（walkie-talkies）に仕組まれた爆弾——以下、両者をあわせて「ポケベル爆弾（pager bombs）」と総称する——を使ったイスラエルによる攻撃である。これはヒズボラのメンバー間の通信を遮断させ、ヒズボラ組織内の情報共有と意志疎通を妨害・攪乱し、ヒズボラの戦闘能力を減殺する点で戦術的にはきわめて効果的な方法だった。イスラエル軍はいまヒズボラを軍事的に圧服しつつあるが、ポケベル爆弾はこれを可能にした戦術的要因の一つである。一見、それはヒズボラ戦闘員に向けた攻撃で、交戦法規上問題がないように思われる。しかし、正戦論研究で著名な哲学者、マイケル・ウォルツァーは、この戦闘方法を厳しく批判する見解を新聞紙上で発表した（cf. Michael Walzer, "Pager bombs don't belong in a just war," in *The New York Times*, International Edition, September 23, 2024, pp. 1, 13）。

ウォルツァーはユダヤ人知識人のひとりとして、イスラエル国家に対するイスラム過激派による攻撃を非難しているが、今回のポケベル爆弾攻撃に対しては、ヒズボラ戦闘員が、戦闘行為に参加していない状況、しかも民間人がそばにいる通常の市民生活の場にいるときに行われたがゆえに、交戦法規に対する明白な違反だとしてイスラエルを批判している。

　また、彼は、ハマースがガザで民間人を人間の盾にしていることも交戦法規違反と批判すると同時に、イスラエルがハマースにより人間の盾にされた民間人を巻き込む攻撃をしながら、民間人被害を最小化していると弁解していることに対し、この弁解の成否は国際刑事裁判所などの場で精査されなければならないと釘を刺している。その上で、ポケベル爆弾による攻撃は、このような弁解が成り立つ余地がないとして非難している。ポケベル爆弾工作をしたのはヒズボラではなく、イスラエルであり、これによる民間人への無差別攻撃ついては、ガザ住民を人間の盾に使ったハマースの場合とは異なり、責任はヒズボラではなく、もっぱらイスラエルにあるとする。

　ただし、ウォルツァーは、ハマースによる一〇・七侵攻に対するイスラエルのガザ侵攻は自衛権の行使として、開戦法規に合致したものとして正当化可能だとし、交戦法規（*jus in bello*）違反と開戦法規（*jus ad bellum*）違反の区別という基本問題の重要性を再強調している。イスラエル国家の「除去（elimination）」を目指すイスラム過激勢力への支持が欧米においても、しばしば左翼勢力の間で見られるのは、ポケベル爆弾攻撃以上に驚くべきことだと批判する。

さらに、ウォルツァーのこの紙上発言は、イスラエルがハマース指導者ヤヒヤ・シンワルやヒズボラ指導者ハサン・ナスララを殺害し、ハマースとヒズボラを軍事的に圧倒する前になされたもので、戦争終結の方途については、彼はガザ戦争がより破局的なレバノン＝イスラエル戦争に拡大する危険性を憂慮して、「いかに素朴に聞こえようと、政治的交渉による解決が必要だ」とする。

■ウォルツァーの慧眼と問題逃避

以上のウォルツァーの見解は、交戦法規の観点から、ポケベル爆弾使用が、一般的な民間人の付随的被害に認められている比例性・最小限性の抗弁も排除されるような確定的違法性をもち、無条件に許容不可能であることを指摘した点では重要である。人々が日常的に使用する通信機器に爆弾を仕掛けることが許されれば、誰もが、いつ、どこでも、テロに巻き込まれる危険性に曝されることになり、この軍事工作は対人地雷以上の非人道性をもつと言える。この問題を鋭く指摘したのはウォルツァーの慧眼である。

しかし、このような非人道的手段がためらわずに使われるほど激化しているこの戦争を、いかに終結させるのかという肝心の問題については、彼は「政治的交渉による解決」を唱えるだけで、政治的に交渉されるべき具体的な解決案は何かについて一切触れていない。ウォルツァーはアカデミズムの世界の知識人としては珍しく、戦争と正義の問題につき、火中の栗を拾う踏み込んだ発言をしてきたので、戦争終結の方途に関する彼の提言に期待していたが、この点で「論争的問題から逃避して、差し障りがないことだけ言う評論家」の域を出ていないのは残念であった。

彼は「この時点では、いかなる政治的提案もナイーヴと呼ばれる定めにある（At this moment, any political proposal is bound to be called naïve.）」（Walzer, *op. cit.*）と言うが、これは大間違いである。「政治的交渉による解決が必要だ」とだけ言えば政治的交渉がなされると思う態度がナイーヴなのであって、パレスチナ問題解決のための現実的で具体性があり対立当事者・利害関係諸国が受容すべき合理的理由のある真剣な政治的提案を提示することなしに、政治的交渉への道は開かれない。

その提案とは、本章第二章第二節で示したように、「二国家解決」を明確にゴールに設定した上で、それに向けての明確なロードマップを示し、それに反発するイスラエルのネタニヤフ政権・右派勢力と、イスラム過激勢力の双方に国際社会、特に米国と穏健アラブ諸国が圧力を高める方策を提示するものでなければならない。二国家解決を強硬に撥ねつけているネタニヤフ政権・右派勢力とそれに同調する傾向を強めているイスラエル世論をいま厳しく批判することこそ、まともなユダヤ人知識人としてのウォルツァーの責任である。ウォルツァーよ、逃ぐることなかれ。

■イスラエルもパレスチナ人を「人間の盾」にしている

イスラエルはポケベル爆弾以外にも、由々しい仕方で交戦法規に違反する戦闘方法・戦闘行為を実行している。これについて、以下敷衍しておく。

ハマースがパレスチナ民間人を「人間の盾」として使っていたことが非難されてきた。イスラエルは、自らのガザ住民攻撃を、ハマースが民間人を人間の盾にしたからだとして、責任をハマースに転嫁しているが、本書第二章第二節(3)では、人間の盾にされたガザ住民の被害についてはイスラエルとハマースの共犯性を指摘した。

しかし、実は、ガザ侵攻以来ずっと、イスラエル軍もパレスチナ民間人をハマースの攻撃に対する人間の盾として使ってきたことが判明した。イスラエル軍は、拘束したパレスチナ民間人をイスラエル兵より前にトンネル内や地上施設に入らせて、ハマース兵が待ち伏せしていないかどうか、「偽装爆弾（booby-traps）」が仕掛けられていないかどうかをチェックするための人間の盾として使っていたことが、このような仕方で人間の盾になることを強制されたパレスチナ民間人の顕名の証言や、それに関与したイスラエル兵の匿名の証言によって明らかにされた（cf. Natan Odenheimer, Bilal Shbair and Patrick Kingsley, "Deployed as human shields," in *The New York Times*, International Edition, October 18, 2024, pp. 1, 5）。

国際法上、民間人だけでなく、捕虜になった兵士ですら、人間の盾として使うことは戦争犯罪であり、イスラエル最高裁もこれを違法としている。しかし、イスラエル軍に対するハマースの攻撃を事前探知するための人間の盾としてパレスチナ人を使うこの戦術は、イスラエル軍上層部も知り、組織的な仕方で行われていた。パレスチナ人をこのような仕方で人間の盾にしてきたことに対しては、ハマースではなく、イスラエルが単独で戦争犯罪の責任を負わなければならない。

■国連に牙を剥くイスラエルの戦争犯罪

さらに、イスラエルの戦争犯罪は、国連の旗の下に活動する要員に対しても、直接かつ意図的に実行されている。

イスラエル軍は二〇二四年九月三〇日にヒズボラ攻撃のため、レバノンへの地上侵攻を開始したときから、レバノン国境に駐留する国連平和維持部隊（国連レバノン暫定軍UNIFIL）に撤退を要求していたが、UNIFILが撤退しなかったため、同年一〇月一三日にUNIFILの拠点に戦車で強行突入し、その正門を破壊するとともに、UNIFILの隊員一人を銃撃で負傷させた。実はイスラエル軍はその前にも、一〇日に同部隊の監視塔に向けた戦車からの発砲で、インドネシア出身兵二名を負傷させ、さらに一二日にもスリランカ出身兵二名を負傷させた。ネタニヤフ首相は、UNIFILが「ヒズボラのテロリストたちに人間の盾を提供している」として、この国連平和維持部隊への攻撃を正当化している（参照、https://www.bbc.com/japanese/articles/cp3wxx103xdo）。

UNIFILは一九七八年に国連安全保障理事会決議四二五に基づき設置された正規の国連平和維持部隊である。イスラエルは一九四九年以来の国連加盟国である。UNIFILに対する攻撃はイスラエルをも拘束する安保理決議に対する違反であるのは言うまでもない。さらにグテーレス国連事務総長は、戦争当事者ではない国連平和維持部隊への攻撃は交戦法規に反する戦争犯罪になりうるとしている。国連平和維持軍による停戦維持の軍事的限界や、停戦合意が破綻した後の国連平和維持軍駐留の政治的賢明性などはもちろん問題になりうるが、安保理決議に基づき駐留する国連平和維持軍を、敵との交戦の邪魔になるからといって攻撃するのは国際社会のルールを公然と蹂躙するものである。

しかも敵の「人間の盾」にされるなら中立的な国連平和維持部隊であっても攻撃していいとする「論理」は、敵が「人間の盾」にした敵の民間人はまさに敵側の住民で中立的ではないから、より一層強い理由をもって攻撃が許されるという「論理」につながるだろう。実際、数万のガザ住民を殺害したイスラエルのガザ攻撃はこの「論理」を深層動機にした蛮行であると思われる。

ガザにおけるこの蛮行のさなか、イスラエルの攻撃は一般住民だけでなく、実は、国連の要員も多く犠牲にしている。現地で支援活動にあたる国連パレスチナ難民救済事業機関（ＵＮＲＷＡ）のラザリ――に事務局長によれば、戦闘開始から二〇二四年一一月までに、イスラエル軍の攻撃により、ＵＮＲＷＡの職員が二四三人も死亡している（参照、https://www3.nhk.or.jp/news/html/20241115/k10014638841000.html#:~:text=%E3%81%93%E3%81%86%E3%81%97%E3%81%9F%E4%B8%AD%E3%80%81%E3%82%AC%E3%82%B6%E5%9C%B0%E5%8C%BA%E3%81%A7,%E3%82%92%E6%98%8E%E3%82%89%E3%81%8B%E3%81%AB%E3%81%97%E3%81%BE%E3%81%97%E3%81%9F%E3%80%82）。イスラエルはＵＮＲＷＡ職員の中にハマース協力者がいたと主張しているが、一部職員がハマースと接点をもっていたとしても、これだけの被害を出す攻撃を正当化できるものではない。ハマースと無関係な多くの職員が犠牲になっただけでなく、UNRWAの支援活動の頓挫によって多くのガザ住民が支援を絶たれた。

UNRWA攻撃は国連による人道支援を妨害するもので国際人道法を蹂躙するものだが、イスラエル軍のUNIFIL攻撃も、交戦法規、安保理決議を無視するもので、イスラエルが軍事力行使を統制する国際社会のルールを邪魔だと思えば破って平然としている「無法な軍事強国」に堕しているという印象を国際社会に広げている。

■イスラエルにおけるガザ戦争観の転換――「実存闘争」・「体制間戦争」へ

以上に見たようなイスラエルの専横化は、ハマースに対するだけでなく、それを支援してきたヒズボラ、さらにその背後にいるイランに対してイスラエルが攻撃を激化させ軍事的優位に立っていることにもよるが、ガザ戦争の意味に関するイスラエルの政府と国民の認識・理解が変容してきたことによる面もある。軍事的優位をもたらした非人道的戦闘方法も厭わない攻撃の激化自体、戦争観の変化と連動している面がある。これについて少し説明しておきたい。

二〇二四年一月下旬にガザ南部、ハーン・ユーニスのハマースの地下司令部で、イスラエル兵がコンピューター内にあったハマース秘密会議議事録を発見した。これをニューヨークタイムズが入手し、ハマース関係者やイスラエル軍関係者への聴取により、その真正性を確認して、内容の要点を二〇二四年一〇月半ばに公表した（cf. Ronen Bergman, Adam Rasgon and Patrick Kingsley, "How Hamas sought allies for its attack on Israel," in *The New York Times*, International Edition, October 14, 2024, pp. 1, 5）。

それによると、ハマースの一〇・七侵攻に対し、イランやヒズボラはこれまで侵攻を事前には知らされていなかったと主張してきたが、イランとヒズボラは一〇・七侵攻に対してハマースの同盟者として事後協力しただけでなく、事前の計画段階・準備段階から密接に連絡し協力していた。イラン国連代表部は、ニューヨークタイムズが関係者聴取で裏付けた報道内容をあくまで否定し、イランとヒズボラの事前関与はまったく無かったと主張している（参照、https://www.cnn.co.jp/world/35224893.html）。

イスラエル元国防相のベニー・ガンツは、ガザ戦争出口戦略を示さないネタニヤフ政権を批判して二〇二四年六月に閣僚を辞任したが、右の報道の一週間前に同じニューヨークタイムズ紙で、次のような新たな見解を公表している。すなわち、ハマースの一〇・七侵攻は、イランとその代理勢力が連動してイスラエル殲滅に向かう宗教戦争の一環という性格をもっていたことを、イスラエルは当初十分自覚していなかったが、イスラエル情報機関により、一〇・七のこの聖戦的要素（the jihadi component）がいまや明確になったとし、イラン主導のこの宗教戦争的覇道主義に対し、米国・イスラエルだけでなく反イラン・アラブ勢力も含めて自由世界が結束して経済的・法的・政治的次元で対抗戦略を展開することを提唱している（cf. Benny Gantz, "What we must learn about Iran," in *The New York Times*, International Edition, October 7, 2024, pp. 1, 11）。

ガンツのこの「新見解」は、アラブ勢力との協力姿勢も示している点でガザ戦争出口戦略の必要性を説く立場をなお維持しているのかもしれないが、戦争の主敵をイランとヒズボラと見定め、ガザ戦争拡大を支持している点で、彼が「強硬化」したという印象を与える。いずれにせよ、ガンツはここで、ガザ戦争は単なるハマースとの抗争ではなく、イスラエルにとっては、イスラエルの殲滅を図るイラン主導の「聖戦勢力」からイスラエルの国家と国民の存続を守るための「実存闘争（an existential war）」であり、国際的には、イスラム原理主義の宗教戦争的攻撃から自由世界を守るための体制間戦争であるという、ガザ戦争観の転換を示している。

彼のこの新見解の基礎になっているイスラエル情報機関の情報には、ハマース秘密会議議事録の内容が当然含まれていたと思われる。彼の新聞論説は二〇二四年一〇月初旬、このハマース議事録に関する報道の一週間前に発表されたが、これは報道を見越した先取的発信のためのタイミングであり、右の機密情報とそれによる戦争観の転換はもっと前から、ガンツを含むイスラエルの政府・政界関係者に共有されていたであろう。この戦争観の転換は、ネタニヤフ政権内の穏健派だったガンツですら強硬化させているからには、右翼勢力に独占された現政権が、これにより一層強硬化していることは間違いない。それがイスラエルの専横化の一因にもなっていると考えられる。

■イスラエル世論の好戦化・右傾化

イスラエル国内世論においても、好戦化・右傾化の傾向が強まりつつある。人質解放のための停戦交渉を求める声はもちろん依然として強い。しかし、その半面、強硬路線をとり続けるネタニヤフ首相と、彼を党首とする与党リクードの支持率が一時の低落状態から回復して上昇してきており、首相候補となり得る与野党の有力政治家たちの間では、なんとネタニヤフの支持率が最も高くなっている（参照、https://jp.reuters.com/world/security/IM2U3OTKLJOKTBPEPSWZDKGO6E-2024-09-16/）。

ハマース殲滅までガザ停戦を拒否し、西岸入植を拡大し、さらにはガザへのイスラエル人入植も進め、ハマースだけでなくヒズボラとイランへの攻撃を拡大するという極右勢力の立場に同調し、パレスチナ人との平和共存を求める穏健派国民をバッシングする人々も増えつつある。官憲当局も、穏健派の運動家やデモに対し弾圧的になっている。学校でも、平和共存の必要を説く教師が教員団から孤立するだけでなく、彼を一〇代前半とおぼしき生徒たちが取り囲んで「お前は人でなしだ！　兵士はガザで戦っているのに！　私の兄は戦場で闘っているんだ。お前はここにいるだけのくせに！　人でなし！　お前は癌だ！」と糾弾する状況すら現出している（参照、NHKスペシャル「〝正義〟はどこに――ガザ攻撃一年、先鋭化するイスラエル」二〇二四年一〇月六日放映）。

このようにイスラエル国民の好戦化・右傾化と異論弾圧強化の傾向は、ガザ戦争が単にハマースとの戦闘ではなく、イスラエルの国家とユダヤ人を殲滅しようとするイスラム原理主義勢力からイスラエルの存在そのものを守るための「実存闘争」であるという理解が、そしてまた、イスラエル殲滅を企てるイスラム勢力に対して「寛容」でありながら、自己保存戦争を戦うイスラエルを非難する国際社会も反ユダヤ主義に毒されているという反発が、イスラエル国民の間に広まってきているからと考えられる。レバノン侵攻、イランとの直接交戦という戦争の拡大とイスラエルの軍事的攻勢に加え、政府・政界の既述のような戦争観転換が一般国民にも直接・間接の影響を与えつつあると推測される。

(2)　驕れる者は久しからず

■イスラエルの軍事的勝利の不安定性と政治的・外交的挫折

前項で、イスラエルが占領地への入植の暴力的拡大、占領地支配の永続化、交戦法規に違反する非人道的戦闘方法の濫用、国連の人道支援組織や平和維持部隊への攻撃など、国際法を全く無視した仕方でガザ戦争を激化・拡大し、専横化している現実を確認した。ハマースの一〇・七侵攻に対するイスラエルの反攻は正当な自衛権行使としてはじまったが、その後のイスラエルの戦闘実態は、少なくとも「過剰防衛」、さらには自衛権行使に偽装した「略奪戦争」ではないかと疑わせるものである。

しかし、いまや、軍事的にはイスラエルが圧倒的優位に立っている。イスラエル軍はハマースとヒズボラの指導者たちを次々と殺害し、その兵力・火力に「はらわたを抜く」ほどの痛烈な打撃を加えた。さらに、ハマースとヒズボラを「タコの足」として利用してきた「タコの頭」であるイランに対しても、二〇二四年一〇月以降の報復攻撃で、首都テヘランの防空システムに甚大な打撃を与え、イランの武器生産能力に大きな損傷を与えた。その結果、イランは「タコの頭」としてハマースやヒズボラを強力に支援する余裕をなくすと同時に、ハマースやヒズボラもまた脆弱化し、自らが生き残るのに必死で、「タコの足」としてイランを支える余力を失っている（cf. Thomas L. Friedman, "Mr. Trump, the world has changed," in *The New York Times*, International Edition, November 28, 2024, pp. 1, 11）。

加えて、米国の新大統領となるトランプは二〇一七年から二〇二一年まで政権の座にあった時期には、イスラエルに一方的に有利な中東政策をとっており、トランプ新政権がその姿勢を続けるなら、ウクライナへの軍事支援を停止ないし削減したとしても、イスラエルへの軍事支援を削ることはないだろう（ただし、トランプ新政権の中東政策が変わる可能性もあり、これについては後述する）。このままだと、イスラエルは軍事的に圧倒的な勝利を収め、ガザを少なくとも一部占領統治し、占領地への入植拡大を西岸だけでなくガザでも実行するのではないかと恐れさせるような勢いがイスラエル側にある。

このような状況の中で、二〇二五年一月一五日、イスラエルとハマースが停戦合意に達したと、交渉仲介国カタールのムハンマド首相兼外相が発表した（参照、https://www.jiji.com/jc/article?k=2025011600071&g=int）。バイデン政権が退場前にガザ停戦実績を残そうと圧力を高めたことや、軍事的に痛手を受けたハマース側が生存戦略として譲歩したことが背景にある[19]。停戦合意は三段階からなり、第一段階では六週間停戦して人質の一部とパレスチナ人囚人を交換し、第二段階では残りの人質の解放とイスラエル軍のガザからの撤退による停戦恒久化について交渉し、第三段階でガザ復興を協議するという（参照、https://www3.nhk.or.jp/news/html/20250116/k10014694571000.html）。

しかし、恒久的停戦とガザ復興を実現する上で最も重要な戦後ガザ統治計画は、目下の停戦合意では全く示されず、イスラエルはハマースを権力の座に残したまま戦争を終結させるつもりはなく、パレスチナ自治政府による統治も認めないと主張している（参照、https://news.yahoo.co.jp/articles/4e954baa41523c8348c0a26c293bd886afac742a）。何よりも、本章第一節(2)でも触れたように、ネタニヤフ政権を支える連立パートナーの右派勢力はハマースを存続させたままイスラエル軍をガザから撤退させることには断固反対するだけでなく、ガザ地区の占領統治を要求しており、要求が通らなければ政権離脱するという恫喝でネタニヤフに圧力をかけている。右派の離脱で現政権が瓦解すると、ネタニヤフは政治的・司法的責任追及により政治生命を失うばかりか服役させられる恐れも大きい。ネタニヤフ支持率が回復傾向にあると言ったが、これはイスラエル世論の右傾化と連動しており、リベラル派は彼を支持しておらず、右派勢力の離反は彼の支持基盤を縮小させるだろう。右派の反対に彼が抵抗するのは難しいと思われる。第一段階の六週間停戦すら実現が危ぶまれているが、第二段階・第三段階の実現可能性は現時点では乏しいと言わざるを得ない。

しかし、右派が求めるような形でのイスラエルの軍事的勝利は、一旦実現したとしても、脆弱である。その軍事行動の横暴性・無法性のゆえに、イスラエルは勝利の成果を安定的に維持するために必要不可欠な被支配者の合意と国際社会の協力の調達において、政治的・外交的に挫折する可能性が強いからである。イスラエルが自らの安全保障と国益を将来に亘って安定的に確保したいのなら、目下の軍事的優位を笠に着てパレスチナ人に横暴な態度を取るのを止め、二国家解決を受け入れなければならない。主な理由は二つあるが、この点について、以下説明したい。

■ハマースは復活し続ける

第一に、イスラエルが現在のハマース戦闘員を文字通り皆殺しにし、その組織を撲滅できたとしても、ハマースを「根絶」することはできない。よく言われるように、ハマースとは組織ではなく思想であり、その思想を受け継ぐ者は必ず叢生してくるからである。ハマースという言葉自体が「イスラム抵抗運動」を意味するアラビア語の頭字からできた略語であり、運動の理念を示すものである。ガザだけでも二〇〇万人以上、西岸地域を合わせると五〇〇万人以上のパレスチナ人（二〇二三年統計で五四八万三、四五〇人）が存在し、難民も含めてパレスチナ以外の地の住民も数え上げるなら、全世界で一、〇〇〇万人以上のパレスチナ人が存在する（参照、https://www.mofa.go.jp/mofaj/area/plo/kankei.html）。

特に、ガザ住民たちはイスラエル軍に自分たちの家族を殺され家を破壊された記憶を鮮烈に抱き続け、西岸住民たちも武装入植者たちの暴力により奪われた土地と殺された家族の記憶を失わず、この五〇〇万人強の人々はイスラエルの占領軍と戦う新たなハマース要員の苗床になるだろう。

もちろん、第二章第二節(5)でも触れたように、ガザ住民にはハマースの強権的支配に不満を持つ人々も多い。しかし、イスラエルの無法なガザ攻撃が激化するにつれ、イスラエルに対するハマースの抗戦を支持する人々は増えている。パレスチナ政策調査研究センターによるガザ住民の対面意見聴取による調査によれば、党としてのハマースに対する支持は減少する反面、ハマースの抗戦を支持する者は、二〇二三年一二月には五二%だったのが二〇二四年三月には六二%に増えている（参照、https://www.cnn.co.jp/world/35216854.html）。同センターによると、二〇二四年六月に行われた西岸のパレスチナ自治区も含めたパレスチナ全域調査でも、イスラエルに対する武装闘争支持者は増え、五四%になっている。さらに党としてのハマースへの支持も増えており、西岸の自治政府を担うファタハの支持率が二〇%に過ぎないのに対し、ハマース支持は四〇%になっている。ファタハ支持が低下しているのは、イスラエルに対して抗議はしても抗戦はしないというその忍従的姿勢によると見られている（参照。https://jp.reuters.com/world/security/CRDV7BA2UBPNTBW3T6VGAM5N2Q-2024-06-14/）。

イスラエル軍がガザを占領統治するなら、新たなハマース（あるいは名を変えたその継承組織）が生まれ、武装抵抗運動をゲリラ的に展開するのはほぼ必至である。ガザにイスラエルが入植者を送り込むなら、武装抵抗はさらに激化するだろう。

五〇〇万人弱の海外のパレスチナ人たちについても、彼らがみな郷里での同胞の苦しみに無関心でいるとは考えられない。イスラエルやユダヤ人に関連する海外の施設・組織に対するテロを断行する過激派がそこから生まれ、増殖する可能性は十二分にある。

イスラエルはパレスチナ人による武装抵抗・テロを一層苛烈な武力的報復で抑え込み続けることはできない。イスラエルの人口は一、〇〇〇万弱だがアラブ人が二一％含まれ、ユダヤ人はその七三％、七三〇万弱である。この七三〇万のユダヤ人人口を上回る一、〇〇〇万人のパレスチナ人が世界に存在する。それだけでなく、彼らの背後には、イスラエルの横暴を憎みパレスチナを支援しようとする膨大な数のアラブ系・イスラム系諸国の民が存在する。一〇・七侵攻のようなイスラエル国民に対する残虐な無差別攻撃をした軍事組織としてのハマースは解体されなければならない。しかし、同じような軍事的暴力を振るう第二、第三のハマースの叢生を阻止するには、イスラエルが、西岸とガザを統合したパレスチナ独立国家を樹立する二国家解決を承認し、「ハマース予備軍」を、新生パレスチナ国家の民主的政治過程において暴力ではなく言論で自己主張する政治組織に転換させることが必要不可欠である。

■イスラエルの国際的孤立化

第二に、イスラエルはガザ戦争におけるその無法な蛮行により、パレスチナ人の憎悪を強めただけでなく、国際社会の信用と敬意を大きく失った。イスラエルが、巨大なイスラム世界の海に浮かぶ異教の小島のような地政学的位置にありながら、したたかに存在できたのは、国力を高める自らの努力にもよるが、ホロコーストをはじめとする差別・迫害・集団虐殺の凄惨な受難の歴史を生き抜き、人道に対する罪を克服する人類的努力を牽引するユダヤ人の国家として、国際社会から敬意と信頼を得てきたことにもよる。イスラエルにとって、国際的な信用と敬意は、自らの国力と安全保障を強化するために必要不可欠な国際的な協力・支援を得るための倫理的資本、いわば「国際的社会資本」である。

もちろん、第二次大戦後のイスラエル建国以来執拗に続くパレスチナ問題は、イスラエルの国際的な信用と敬意に傷を与えてはいたが、今般のガザ戦争における国際法を全く無視したイスラエルの非人道的蛮行は、この傷を大きな亀裂に拡大しており、イスラエルがガザ占領統治と入植拡大に突き進むなら、国際社会においては、イスラエルを巨大な罪の「被害者」よりもむしろ「加害者」として、自衛のための抗戦者ではなく武力的侵奪者として糾弾する声が支配的になり、イスラエルの国際的な信用と敬意が瓦解する恐れがある。

イスラエルの国際的信用失墜はアラブ諸国との関係において特に大きな足枷になる。第二章第二節(1)で、ガザ戦争以前に進んでいたアブラハム合意とその拡大による穏健アラブ諸国との国交・親善関係樹立のプロセスが、この戦争で途絶したことに触れたが、イスラエルが二国家解決を撥ねつけパレスチナ支配を強化させるなら、これらアラブ諸国との関係改善を不可能にしてしまう。イランと対抗するこれらアラブ諸国との関係改善は、イスラエルにとって、安全保障の面でも経済的相互協力の面でも極めて大きなメリットをもつため、その機会を失うことは大きな打撃である。さらに、ガザ戦争後のイスラエルの大きな課題は、破壊し尽くしたガザの復興だが、これには巨大な投資を必要とし、アラブ諸国の協力を得られないとなると、イスラエルにとっては経済的に苦しくなるだろう。

■中東政治の新展開――イランの外交的反撃

アラブ諸国とイスラエルとの関係に関して重要な点だが、軍事的にイスラエルから大きな打撃を受けたイランが、いま外交的反撃に出ており、これまで敵対していたサウジアラビアをはじめとするアラブ諸国との間で、「外交的緊張緩和（a diplomatic détente）」に向かう動きを始めている。イランの新任の穏健派大統領マスウード・ペゼシュキアンは、経験豊富な外交官アッバス・アラグチを外相に採用したが、アラグチ外相は、二〇二四年一〇月三日に、第三回アジア協力対話サミット開催中のカタールのドーハで非公式に行われた湾岸協力会議（ＧＣＣ）諸国――サウジアラビア、アラブ首長国連邦、バーレーン、クウェート、オマーン、カタールの六カ国——の外相たちとの会合に参加して、これらの諸国とイランの関係改善について協議している。ペゼシュキアン大統領の穏健路線の下でイランが中東での孤立を外交的努力で回避しようと試みてきたのに対し、以前のイランのタカ派的攻勢に反発し、イランの核武装化を警戒してきた湾岸アラブ諸国も、中東地域の緊張緩和を図る機会としてこれに応じている（参照、https://www.arabnews.jp/article/opinion/article_130865/）。

他方で、イスラエルと湾岸諸国との関係は冷えている。アブラハム合意に参加してはいなかったが、イスラエルとの関係改善を図っていたサウジアラビアが、態度を明確に変えた。事実上の支配者である皇太子モハメッド・ビン・サルマンは、二〇二四年九月一八日に、サウジアラビアの最高諮問会議での演説で、「我が国は、東エルサレムを首都とするパレスチナ独立国家を樹立する努力を倦むことなく続け、パレスチナ国家なくしてイスラエルとの外交関係を樹立することはない」と宣明した。

アブラハム合意に既に署名した諸国も、パレスチナ国家樹立を明確に要求する方針を表明している。例えば、アラブ首長国連邦の外相シェイク・アブドゥラ・ビン・サイードは、戦後のガザ復興への同国の負担共有を求めるイスラエルの要請に対して、「アラブ首長国連邦は、パレスチナ国家樹立のないガザ戦後計画を支援するつもりはない」と明言した。

湾岸アラブ諸国が、ガザ戦争前に、イスラエルとの関係改善に進んだのは、米国に働きかける通路としてイスラエルを使うためであった。しかし、ネタニヤフ首相がバイデン大統領の民間人犠牲抑制要請や停戦合意提案を撥ねつけたにも拘らず、米国がイスラエル支援を続けているのを見て、湾岸諸国は、米国にイスラエルを制御する力がないことを知り、しかも、イスラエルにはパレスチナ国家樹立を認める意志がないことを知って、戦略を転換した。

イランのアラグチ外相は、中東に広がるイスラエルと米国に対する失望・怒りを弾みにして、湾岸協力会議諸国と接近するだけでなく、イラク、ヨルダン、エジプト、トルコも訪問し中東・北アフリカのイスラム諸国への外交的接近の手を広げている。イランの外相によるエジプト訪問は、一二年ぶりである。また、彼はトルコのイスタンブールに到着した際、「この地域において我々にはいまや共通の不満がある。戦争の脅威の拡大、ガザとレバノンにおける戦争、そして土地を追われた人々に関わる不満である」と述べた（以上の中東外交情勢につき、cf. Maria Abi-Habib and Ismaeel Naar, "Mideast shift is underway, and Israel is sidelined," in *The New York Times*, International Edition, October 21, 2024, pp. 1, 4）。

ガザ戦争およびそれに付随するレバノン侵攻・イラン本土攻撃で、イスラエルは民間人被害も意に介さない猛攻により軍事的には優位に立ったかに見えるが、イランに対抗する中東諸国との関係改善で自国の安全保障と経済的基盤を強化するという大きな戦略的利益を失うリスクを冒している。イランは自らハマースに一〇・七侵攻をけしかけておきながら、しかも軍事的には米国が支援するイスラエルに対し劣勢に立ちながら、ガザ戦争をめぐるイスラエルと米国への他の中東諸国の不満を外交的にうまく利用しようとしている。

このままだとイスラエルはイランに対し、「軍事で勝って外交で負ける」ことになりかねない。イスラエルが外交でもイランに勝ちたいのであれば、すべきことは明白である。第二章第二節⑷で述べたように、二国家解決を明確な目標として設定して、湾岸諸国を再び味方につけた上で、パレスチナ問題解決とガザ戦争出口戦略のロードマップを策定し、ガザ戦後統治と復興へのアラブ諸国の協力をとりつけることである。

■イランの米国への接近

イランは外交攻勢の手を米国にも延ばしつつある。トランプは前の二〇一七-二〇二一年の大統領時代――この時期のトランプ政権を「トランプⅠ」と呼ぶ――に、核合意からの米国の撤退と対イラン経済制裁の強化、イランの英雄的将軍カセム・ソレイマニの暗殺などを実行しており、二〇二五年一月の大統領就任後――これ以降のトランプ政権を「トランプII」と呼ぶ――は、イスラエル支援強化とイランへの圧力強化に動くことが予想される。これはイランをさらに苦境に追いやることになるため、イラン側としては、穏健派のペゼシュキアン大統領の下で、米国との緊張関係を緩和させるための外交交渉を進める用意があるというシグナルを米国に送っているようである。

実際、イランの国連大使アミール・サイード・イラヴァニが、いまやトランプ側近になっている実業家イーロン・マスクと会い、米国・イラン関係の緊張緩和を話し合ったと報道されている。イランの保守派はこれに反発し、イラヴァニ国連大使を「裏切り者」と非難しているため、イラン外務省は公式にはこの対談はなかったと声明しているが、複数のイラン高官は、マスクとの会談は実際に行われたと匿名で証言している。

イランの最高指導者ハメネイ師は、保守派と穏健派のバランスをとりつつ、自己の体制の存続のために必要なら妥協も辞さないプラグマティストとして知られており、イスラエル・米国との対決姿勢をこれ以上強めるのは、イランの国益だけでなく自己の権力保持のためにも得策ではないと判断していると見られている（cf. Farnaz Fassihi, "Iran cuts the bluster as problems intensify," in *The New York Times*, International Edition, November 30–December 1,

2024, pp. 1, 5)。

トランプⅡのイラン政策がどうなるか分からないが、トランプⅠが核合意から撤退し、対イラン経済制裁を強化したのは、イランが核合意を遵守せず陰で核兵器開発を進めながら、欧米との通商による経済利益だけ得ようとしているという疑いからである。もし核兵器開発停止の検証可能性を高める条件をイランが提示するなら、イランとの関係改善にトランプⅡが応じる可能性もある。イランとしては、核兵器開発を秘密裡に進めようとしてもイスラエルの情報機関により察知され、核兵器開発関連施設をイスラエルから攻撃されるリスクが高いため、経済制裁が解除されるなら核兵器開発を検証可能な形で停止することに応じるかもしれない。イランと米国の関係改善がこのような仕方で進むなら、これは湾岸諸国にとってもイランの脅威を低下させることになり、イランと湾岸諸国の関係改善をさらに促進する要因になる。イスラエルは既述のように二国家解決を受容して湾岸諸国を味方にしない限り、さらに外交的に孤立することになるだろう。

■米国の責任――トランプⅡにトランプⅠの過ちを償わせよ

トランプⅡのイラン政策の行方に触れたが、ガザ戦争終結とパレスチナ問題解決に対する米国の責任は重い。それを担うのはトランプⅡだが、この責任はトランプⅡにとって、中東政策におけるトランプⅠの過ちを償う責任でもある。この点に触れて本節を締め括りたい。

第二章第二節(1)で述べたように、ハマースを一〇・七侵攻に駆り立てた背景的要因は、トランプⅠがイスラエルに一方的に有利な条件で中東問題の解決を図ろうとしたことである。トランプⅠは、シリアのゴラン高原のイスラエルによる「併合」を認める一方、パレスチナに対し、その横面を張るような行動に出た。ユダヤ人とパレスチナ人双方にとって聖地であるイエルサレムをイスラエルの首都とするイスラエルの主張を認めて米国大使館をイエルサレムに移転したばかりか、イスラエルに西岸占領地の一部割譲を認め、湾岸諸国やアフリカのイスラム国家の一部とイスラエルとの国交正常化を図るアブラハム合意の「和平案」をパレスチナ抜きで推進しようとした。一〇・七侵攻はパレスチナを踏みつけるこのアブラハム・プロセスを阻むためのハマースの捨て身の軍事攻略だった。

一〇・七侵攻はトランプⅠに代わったバイデン民主党政権の下で実行された。一〇・七侵攻の原因を作ったのはトランプⅠであるにもかかわらず、それが惹起したガザ戦争に対処する責任をとらされたのは、皮肉にも、トランプではなく、バイデンだった。バイデンはガザ住民被害拡大の抑制と停戦交渉をイスラエルに求めたが、ネタニヤフ首相がそれを無視してガザ攻撃を激化させるのを抑えられなかった。しかも、それにも拘らず、バイデン政権はイスラエルへの軍事支援を続け、イスラエルに停戦を求める安保理決議案に対しても拒否権を行使した（参照、https://www.bbc.com/japanese/articles/c30p2gyv1r3o）。

二〇二四年一一月の米国大統領選挙で、バイデンに代わって民主党大統領候補になったカマラ・ハリスもガザ戦争に関してバイデンと異なる具体的な対処方法を提示できなかった。この選挙でトランプが勝ったのは、物価高に対する労働者階級の不満が大きな要因だが、イスラエルの横暴を抑えられない民主党政権に対する不満が、本来なら民主党支持に回ったはずのリベラル派の若い世代に広がっていたことも影響している。彼らはトランプに投票しないまでも、棄権し、ハリス票が伸びなかった一因を作ったと思われる。

驚くべきは、トランプIが反イスラム的偏見を隠さずイスラエル寄り政策をとっていたにも拘わらず、これまで民主党を支持していたアラブ系米国民の中にも、今回の大統領選挙でトランプに投票した者が多かったことである（参照、https://www.asahi.com/articles/ASSDX6619SDXUHBI00ZM.html）。それだけ、民主党政権のガザ戦争対策に対する不満がアラブ系米国人の間で強かったということだろう。

トランプに投票したアラブ系米国人たちの中には、トランプIがガザ戦争の原因を作ったことを自覚していない者も一部にはいたかもしれないが、多くはこのことを知っていたはずである。イスラエルに一方的に有利でパレスチナを追い詰めたトランプⅠの中東政策に、アラブ系米国人が無関心だったとは思えないからである。彼らは、ガザ戦争に対するトランプⅠの責任を知らないからではなく、むしろ、それを知っているがゆえに、「トランプよ、バイデン政権よりもっと強力な圧力をイスラエルにかけ、ガザ住民をこれ以上犠牲にしない仕方で停戦を実現し、トランプⅠの過ちを償う責任をトランプⅡで果たせ」というマンデートをトランプに課したと見るべきだろう。大統領選の選挙運動でトランプ陣営はアラブ系有権者に積極的に働きかけて支持を求めており、彼らにこのマンデートを履行する公約をしたはずである。

問題は、トランプにアラブ系米国人へのこの「公約」を果たす真剣な意志があるかどうかである。「選挙で勝ったらこっちのもの、釣った魚に餌はやらぬ」という態度に出ることは、トランプの場合、十分考え得る。ただ、この「意志」が無いとは言い切れないと見る向きもある。

リベラル派のコラムニスト、トーマス・フリードマンはトランプに対して基本的に批判的な立場をとっているが、トランプⅠが推進したアブラハム合意には一定の評価すべき点もあるとする。彼によれば、アブラハム合意はパレスチナ抜きで進められたこと、西岸の三〇％をイスラエルに割譲する代わりにガザのパレスチナ領土を増やすという領土取引がパレスチナに与える領土の二倍の領土をイスラエルに与える不等価交換であることなどの点で、パレスチナにとって不公正であるが、不公正な条件とはいえ、この条件でパレスチナ国家の樹立を認め、二国家解決を明示的に掲げていた点で、パレスチナ問題を解決する今後の「中東平和交渉の出発点（the starting point for peace in the Mideast）」になるとする。フリードマンは、トランプⅠの提案に対し、ネタニヤフ首相が二国家解決にコミットしないまま、イスラエルの領土拡張の部分だけ既成事実化する動きに出たのをトランプが制止したことも評価している（cf. Thomas L. Friedman, "For peace, Trump could start here," in *The New York Times, International Edition*, November 21, 2024, pp. 1, 9）。

二国家解決が「解決」になるためには、ただパレスチナ国家の樹立を認めればいいというわけではなく、パレスチナ人が受容できるような公正な条件で彼らの国家が樹立される必要がある。また、バイデン政権も二国家解決の必要を認めたが、ネタニヤフ政権に撥ねつけられている。トランプⅡが、パレスチナ人も受容できるような公正なパレスチナ国家設立条件を提示できるか、イスラエルにそれを受け入れさせるだけの圧力を行使できるかは不明である。いずれにせよ、トランプⅡに、公正な二国家解決による中東平和の実現に向けて真剣な外交努力をさせ、トランプⅠの過ちを償わせるよう、トランプⅡに対する監視と世論圧力行使を続けることは、トランプに投票したアラブ系米国人だけでなく、「またトラ」の実現を許した米国有権者全員の責任である。

四　世界は何処へ行くのか

(1)　人間の深き罪業と消えざる希望

■血塗られた二〇世紀の闇と光

いま、国際社会の法と秩序、その基礎にある人権尊重や戦力濫用の禁止という基本的な正義の原則が危機に瀕している。これらを公然かつ昂然と蹂躙する国家暴力が、世界の様々な場所で荒れ狂っているからである。本書では、この現実に対し、ウクライナ戦争とガザ戦争に焦点を当てて、実証的な分析と批判的な検討を試みた。

国家暴力や武装組織の跋扈による無法な戦乱は、今に始まったことではないという醒めた声もあるだろう。たしかにそうである。人類は二〇世紀において、二度の世界大戦と、朝鮮戦争・ベトナム戦争をはじめとする冷戦期の東西体制間抗争を経て、冷戦終焉後、一時、「国連による平和」の夢を見た。しかし、旧ユーゴスラビアの分裂過程における凄惨な民族間抗争や、ルワンダ虐殺・コンゴ戦争などアフリカの内戦によりこの夢は破れ、二一世紀にはいると、「九・一一」の同時多発テロに対する米国の報復としてアフガニスタン戦争が勃発し、さらには米国の中東への一方主義的軍事介入を拡大するイラク戦争へと戦火が拡大した。二〇一〇年、チュニジアで独裁政権を倒すジャスミン革命が起こると、民主化運動の波が中東・北アフリカのアラブ系諸国に拡大する「アラブの春」が訪れ、イスラム圏の民主化が期待されたが、結局、これらの諸国では政治的混乱と抗争が激化し、専制体制の復活や内戦を招来し、「アラブの春」は「アラブの冬」に変わった。本書でも触れたシリア内戦はその悲惨な例の一つである。

このように、世界の戦乱は今に始まったわけではない。人類史を通じて集団間の殺し合いがなかった時期はない。特に二〇世紀は、人類史上最も陰惨に血塗られた世紀だったと言える。第一次世界大戦で一、〇〇〇万人前後、第二次世界大戦で五、〇〇〇万人以上とも言われる兵士と民間人の生命が奪われ、ユダヤ人を襲ったホロコーストだけでなく、カンボジアのクメール・ルージュによる虐殺や既述のルワンダ虐殺などが示すように、何十万、何百万という単位の犠牲者を出すジェノサイドも続発した。

しかし、二〇世紀において、人類は最も苛烈な殺し合いをしたからこそ、自らの蛮行の永続を制止すべく、第一次大戦後に国際連盟を結成し、第二次大戦後、世界大戦再発を抑止できなかった国際連盟の失敗に学んで、新たに国際連合を結成した。国際連合は国際連盟よりはるかに広範に国際社会をその下に包摂し、安全保障理事会に武力措置も含む強い執行権を付与した。国際連合憲章体制の下で、侵略戦争・国益追求手段としての戦争を違法化する国際法原則が再確立され、自衛権行使であってもその戦闘方法を厳しく制約する国際人道法をはじめとする戦時国際法体系が強化され、武力行使に代わる平和的手段による紛争解決と、紛争因子を除去するための社会経済的国際協力を促進する努力もなされてきた。

国連体制の実効性を確保する上で重要な役割を果たすことを期待された安全保障理事会は、常任理事国たる五大国の拒否権行使でしばしば機能不全に陥ったが、冷戦終焉により中露と米英仏との対立が一旦「雪解け」していた一九九〇年に、イラクのクウェート侵攻に対して、安保理の承認を得て国連多国籍軍が出動し、イラクの侵略を抑止した。「国連による平和」が夢見られたと言ったのは、このときのことである。[20]

■破れた夢の修復へ

残念ながら、この夢は破れた。五大国の拒否権行使による安保理の機能不全という旧弊が再現するとともに、安保理の承認を得ず、国際法上認められた諸国家の個別的・集団的自衛権でも正当化できない武力行使が、再び頻発した。しかし、夢は破れても消えたわけではない。破れた夢の断片を再回収し、その綻びを修復し、より強靱なヴィジョンへと再編し、その実現に向けて「一歩下がって二歩進む、二歩下がって三歩進む」ような地道な努力は続けられているし、続けられなければならない。国連改革はその一環だが、国際機構の再編強化だけでなく、自国政府の対外的専横性を自国民が批判的に統制できる国内政治体制の構築、単なる民主化ではなく、民主化が自国の対外的専横性を要求する偏狭なポピュリズムに転化するのを抑止できる政治体制の構築がこの努力の肝をなす。

二〇世紀において、人類が自らに加えた殺戮と迫害の罪は巨大である。人類はこの罪を犯しつつ、それを犯し続ける自己を恐れて、自らの罪業を償い、跛除する努力も始めたが、この罪業はあまりに巨大で根深く、二〇世紀のうちに克服できるようなものではなかった。二一世紀の「第一の四半世紀」を経た今も克服できていないが、克服する努力はこれからも続けられなければならない。他に選択肢はないからである。二〇世紀の血塗られた歴史を二一世紀においても反復ないし拡大するという誰もが避けたい破滅的選択を除いては。

この努力の持続に必要不可欠なものが一つある。希望である。人間の罪業がいかに深かろうと、それを滅却できないまでも、狂暴化しないよう制御することはできるという希望である。暴力により他者を支配しようとする欲動と、それに駆られた集団間の戦乱は、人間と国家の本質に根差すがゆえに不可避であり、法や正義はその前では無力であるとするシニシズムは、この希望を嘲笑うだろう。このシニシズムは「現実的」に見えるかもしれないが、客観的現実を認識しているという意味で現実的なのではない。むしろそれは「自己実現的(self-fulfilling)」なのである。シニシズムは希望を腐食させて、人類をして無法な暴力と戦乱を制御する努力を空しく感じさせ、放棄させ、まさにそのことにより、無法な暴力と戦乱を跋扈させてしまうのである。

(2)　シニシズムを超えて

■規範が現実を裁断できず、現実が規範を裁断する倒錯

ウクライナ戦争とガザ戦争を実証的・批判的に検討した上で、国際社会の法と正義がいま危機に瀕していると私が言ったのは、単に、法と正義を侵犯する戦乱がいま世界で展開して

いるからだけではなく、その侵犯を是正する努力をくじき、法と正義の原則の規範的権威そのものを掘り崩すシニシズムが広がりつつあるからである。

ウクライナ戦争では、米国と並ぶ核兵力をもつ軍事大国にして安保理常任理事国であるロシアが、独立主権国家である隣国ウクライナをその首都キーウ攻略をめざして――すなわち、ウクライナという国家の乗っ取りをめざして――侵攻し、見え透いた嘘以外のまともな正当化理由がないにも拘らず、国連総会の非難決議も無視して軍事侵攻を続けている。二〇〇三年の米国によるイラク侵攻が既に、安保理で拒否権をもつ超大国は国際法も国連も無視して他国を侵略できるという現実を世界に突き付けて、国際社会の法と正義の規範的権威を傷つけていたが、ロシアのウクライナ侵攻は同じ傷口をさらに深く抉っている。

ガザ戦争では、「人道に対する罪」の最大の被害者たるユダヤ人の国家として、この罪を克服する人類的努力の牽引役を自任するイスラエルが、パレスチナの民に対してこの罪を犯して平然としていることを露呈し、この努力を欺瞞視させその信用失墜を招いている。第二章第一節(3)で、ウクライナ戦争とガザ戦争が国際社会の法と正義に対して重大な「危険信号」を発していると言ったのはそのためである。

法と正義の規範的権威に対する侮蔑は、特に、ウクライナ戦争における対露宥和主義言説に露骨に示されている。この言説は、戦争が長期化し拡大する原因はロシアが侵略を止めずに激化させていることにあるにも拘らず、ウクライナが自衛のために抗戦し続けることに責任を転嫁し、西側諸国はウクライナ支援を止めてウクライナに自衛のための抗戦を断念させよと要請しているが、こんな声が、なんと西側世界から上げられている。侵略戦争禁止という国際社会の規範の基礎の基礎とも言うべき原則を侵犯する現実を前にして、侵略者を制止してこの不正な現実を規範に適合するように是正するのではなく、逆に、この不正な現実から規範侵犯者たる侵略者が利益を享受することを許すように、規範の要請自体を棚上げにすることが求められているのである。この言説の倒錯性・欺瞞性・自壊性は第一章第三節で明らかにした。

■「批判的知識人」の頽落

悲しむべきことに、西側世界からも発せられるこの倒錯した声は、「まともな知識人」として信望を得てきた者たちの中にも少なからず同調者を生んでいる。前著『ウクライナ戦争と向き合う』では、その一例としてノーム・チョムスキーを挙げ、その言説の欺瞞と堕落を厳しく批判した（前著七二‐九五頁参照）。

プーチンは、欧米の侵略や違法な軍事介入の「前科」を念頭に、「我々はウクライナに対し、欧米が他地域に対してやってきたことと同じことをやっているだけだ、どこが悪い」と開き直っている。他者の悪が自己の同様な悪を免責するという、私が「二悪二正論」と名付けたこの詭弁は、自己の悪を自己批判する者まで狂わせ、自己の悪により他者の悪を免責し、その結果自己の悪も他者の悪と同じく免責可能なものにしてしまい、自己批判の規範的根拠を掘り崩すという思想的自壊に突き進ませる。なんと、イラク戦争をはじめとする米国の軍事的覇道を厳しく批判してきたチョムスキーが、この二悪二正論の罠に嵌り込み、対露宥和主義言説に掉さし、弱小国を強大国が争奪する資源に貶める現実を追認してしまっている。

ウクライナ戦争とガザ戦争の現実を前にして、「批判的知識人」がロシアやイスラエルの蛮行を徹底的に批判することを回避するという知の頽落は、チョムスキーに限られない。権力悪と批判的に対峙しているとみなされてきた思想家や哲学者たちが、対露宥和主義とは一線を置いた、もっと微妙な形ではあるが、実は「力の論理」に対するシニカルな迎合性――簡単に言えば「弱者たちよ、無駄な抵抗はせず、強者たちが作る秩序に従え」という姿勢――を本音として隠していたことが露見している。

本書でも第一章の第四節と追記Ⅲで、ユルゲン・ハーバーマスの「ウクライナを負けさせるな、しかしロシアに勝とうとするな」という二枚舌的言説の迷妄性・欺瞞性を剔抉し、「弱小国」ウクライナをロシアと欧米の地政学的ゲームのプレイヤーではなく駒として扱うその横柄性を批判した。そして、ハーバーマスのこの妄言の根底には、ロシアが捏造した「ロシアから生まれたばかりで民族形成が未熟なウクライナ」という、歴史的事実にまったく反する虚像に囚われた彼のウクライナに対する偏見と侮蔑があることを指摘した。また、本章第三節(1)で、マイケル・ウォルツァーがユダヤ人知識人でありながらイスラエルの「ポケベル爆弾」テロを交戦法規違反として批判するという一見誠実な姿勢を見せる一方で、その陰に、二国家解決を撥ねつけてパレスチナ支配を続けるイスラエルの巨大な罪には沈黙するという「問題逃避」の欺瞞を隠していることを指摘した。

■正義と平和の再結合へ

このように、国際社会ではいま、法と正義の規範的権威を掘り崩し、力の論理に迎合するシニシズムが、本来ならそれと対抗すべき「批判的知識人」たちも含めて、人々の間に広がりつつある。米国大統領という、世界最強国家の権力の座にトランプが復帰する「またトラ」の衝撃は、このシニシズムをさらに強める恐れがある。ウクライナ支援に消極的で、「最も親イスラエル的な米国大統領」を自任するトランプは、ロシアに有利な条件での停戦をウクライナに押し付け、イスラエルのパレスチナ支配を強化させるだろうと推測するのは、ある意味で自然だからである。

本書は、もしこのような事態が生起するなら、「正義を犠牲にして平和を実現する」どころか、逆に、侵略や非人道的な戦争犯罪を大胆不敵に遂行する国家に褒美を与えることにより、さらなる侵略や戦争犯罪へのインセンティヴを世界に広め、戦乱が拡大するリスクはさらに高まることを指摘した[21]。それを回避するには、正義を犠牲にするのではなくむしろ回復するために、ウクライナ戦争はロシアに褒美を与えない仕方で終わらせ[22]、ガザ戦争は二国家解決への道筋を確保した仕方で終結させなければならないことを強調した。

さらに、本書のこの最終章では、このような仕方での二つの戦争の終結は、決して非現実的な理想ではなく、ロシアやイスラエルの軍事的・経済的脆弱性、ウクライナやハマースの抵抗の根強さと復元力、他の関係諸国の利害動機などを踏まえると、国際社会が適切なウクライナ支援・対露制裁・対イスラエル圧力行使を続けるなら、十分に実現可能な現実的提言であることを論じた。そして、両戦争を実効的に終結させて、自己の政治力を誇示したい第四七代米国大統領ドナルド・トランプにとっても、正義を回復させるこのような仕方で戦争終結を図るべき十分な理由——倫理的動機からでなくても、彼の利己心から受け入れられる理由——が存在することを示した。

「正義は行われしめよ、たとえ世界は滅びようとも（*Fiat justitia, et pereat mundus.*）」という、神聖ローマ帝国皇帝フェルディナンド一世が座右の銘にした格言がある。これをカントがその恒久平和論において、政治的打算で歪められない正義の定言的・義務論的妥当性を表す標語として使用した（カント『永遠平和のために』宇都宮芳明訳、岩波文庫、一九八五年、九四-九五頁。カントは接続詞 *et* を省略して引用している）。カントはこれを「正義よ支配せよ、たとえ世界の邪悪な連中がそのためにすべて滅びるとしても」という意味に義解したが、この格言は、文字通り受け取るなら、やはり誤解を招く。「正義のために戦争で世界が滅びるのはナンセンスだ」というシニシズムを擁護する口実にされてしまう。この格言は、連言の接続詞 *et*（and）を排他的選言の接続詞 *aut*（or else）で置き換えて、次のように書き換えられなければならない[23]。

正義は行われしめよ、さなくば、世界は滅びむ。*Fiat justitia, aut pereat mundus.*

これが本書の結語である。より正確に言えば、これは、本書がウクライナ戦争とガザ戦争に即して示した実践的諸提言――狭義における本書の結論――や、古代アテーナイの覇道と没落および二〇世紀以降の破滅的戦乱に即して素描した人類史の展望の基底にある私の世界認識を総括している。「悪が勝つのか?」という本書の書名をなし、本章の章題でもある問いに対して、この世界認識は次の回答を含意する。悪が勝つことは一再ならずあるだろう。しかし、悪が常に勝ち続け、正義が回復されることがない世界は滅びる。世界が滅びるなら、悪事で権力と富を享受する輩も滅びる。したがって、悪の勝利に持続可能性はない。

(15) この点につき、『トロイアの女』を訳出したギリシャ文学者、松平千秋はそのエウリピデス論において、次のように述べている。「『トロイアの女』は〔紀元前〕四一六年に起こったメロス島の大虐殺に対する、エウリピデスのプロテストであるとする説は恐らく正しいであろうが……これはもちろんアルキビアデス〔メロス島事件の最大の責任者〕一個人に対する詩人の幻滅というようなことを指すのではない。これまで恐らく詩人の心の奥底に潜んでいたに相違ない、アテナイの政策や戦争目的に対する疑惑が、メロス島事件の激しいショックで、もはや希望的観測などでは支えきれなくなってほとばしり出たというふうに考えられるのである」

（松平千秋「エウリピデスについて」呉茂一・高津春繁・田中美知太郎・松平千秋編『エウリピデス篇Ⅰ』〔ギリシャ悲劇全集第三巻〕、人文書院、一九六〇年、一九頁、メロースをメロス、アテーナイをアテナイと表記するのは松平の原文に従う。角括弧内の補足は井上による）。なお、松平による『トロイアの女』の全訳は、『エウリピデス篇Ⅰ』前掲、三二七－三七一頁所収。

右引用文中に言及されているアルキビアデスは、ソクラテスの弟子の一人で、プラトンの『饗宴（シュンポシオン）』では、自己の才能と美貌に己惚れ、ギリシャ貴族社会に浸潤していた少年愛（パイデラステイア）を求めるような仕方で、ソクラテスを誘惑し続けたにも拘わらず、拒否されたことに愚痴をこぼす姿が描かれている。ペロポネソス戦争では対スパルタ主戦論者でメロース島事件の責任者でもあったが、アテーナイの政争に絡んで祖国を裏切ってスパルタに亡命し、スパルタからも不祥事（王妃寝取り事件）を起こして追われ、アテーナイが寡頭制になったとき帰国を許され政界復帰した。しかし、対スパルタ戦での敗戦の責任を追及されてトラキアに亡命し、最後は暗殺された（スパルタの要請によると見られている）。

アルキビアデスのような有能ながら無節操で奔放かつ暴虐な人物がソクラテスの門下から出たことが、後年（紀元前三九九年）、ソクラテスが「異教の神を信じ、青年を堕落させた」として民衆裁判で死刑判決を受け、毒杯を仰がされて刑死したことの背景的要因の一つをなしている。このソクラテスの刑死の政治的背景を考える上で、松平が、エウリピデスはアルキビアデス一個人に対する幻滅よりもむしろ、アテーナイというポリス自体の政策や戦争目的への批判を『トロイアの女』で表出したと指摘しているのは示唆的である。勝利に導く戦功をあげている限りではアルキビアデスを受け入れていたアテーナイが、彼が戦略的失敗を犯すと亡命に追いやったことを考えるなら、アテーナイの罪は、アルキビアデス一個人にではなく、アテーナイ自体にあると言えるだろう。

ペロポネソス同盟軍によって、自らが誇った艦隊が壊滅させられ、自らのポリスを攻囲されたアテーナイが、紀元前四〇四年に降伏して三〇年近くに及んだペロポネソス戦争は終結したが、これによりアテーナイは古代ギリシャ世界における覇権的地位を失い、紆余曲折を経ながらも衰亡の道を辿った。ペロポネソス戦争敗戦五年後のソクラテスの処刑は、アテーナイ市民が、自らの政治的・軍事的挫折に対し、ポリスとしての自己の集合的責任を直視する代わりに、政治的なスケープ・ゴートに責任転嫁してすますという欺瞞に走ったことの帰結の一部とみなすことができるかもしれない。

(16)「民主的ポリスのアテーナイがプーチン独裁下のロシアに重ねられ、軍国主義的・権威主義的ポリスのスパルタが民主主義陣営の指導国たる米国に重ねられるのはおかしい」と感じる向きがあるかもしれないが、それは的外れである。ここで問題になっているのは、どの国がどの国を一方的に侵略し、どの国が被侵略国を支援しようとしているかという国際的な対抗・連携関係の構図であって、侵略国・被侵略国・支援国の国内的政治体制の比較ではない。

しかも、あえて付言すれば、国内的政治体制についても、アテーナイが民主的で、スパルタが権威主義的とするのは誤った単純化である。アテーナイの「民主制」は自由民に限定されていただけでなく、自由民の中でも血統と資力に秀でる少数の有力者が実権を揮うエリート主義的側面が多分にあった（cf. Robert Dahl, *Democracy and Its Critics*, Yale University Press, 1989, pp. 20-23）。他方、スパルタは社会的団結のために個人の放縦・欲望を統制する規律が強く、市民は蓄財など個人的利益の追求に走ることが戒められ、土地も平等に分配されて売買譲渡が禁じられており、主権をもつ民会を構成する自由民の間では「平等者による集団的自己統治」の伝統があり、ルソーなどは、彼が理想とする「一般意志」に個人が忠誠を誓う民主政体の古代的範型を、アテーナイよりもスパルター正確に言えば、国祖リクルゴスの国制を遵守したスパルターに求めたほどである（参照、ジャン・ジャック・ルソー『社会契約論』（桑原武夫・前川貞次郎訳）岩波文庫版、岩波書店、一九五四年、四六‐四八頁、六一‐六四頁、一八八‐一八九頁他随所）。

(17)　二〇〇六年から二〇〇九年まで駐ウクライナ米国大使を務めたウィリアム・テイラーは、まさに、ロシアがＮＡＴＯ加盟国を侵攻したことはないという点に注目して、二〇〇八年の

NATOブカレスト会議で、ウクライナとジョージアのNATO加盟計画を承認できなかったことが、ジョージアとウクライナへのロシアの侵攻を招いた一要因だとする。その上で、現在のウクライナ戦争終結後に直ちにウクライナをNATO加盟させる準備として、加盟につながる中間的措置をいまから進める必要を説く。それなしにはウクライナと欧州の平和を将来に向けて安定的に確保するのは不可能で、ウクライナが戦争終結に応じることもできないとする。鍵は消極的なドイツ、トルコ、ハンガリー、スロヴァキアの説得だが、米国が主導して早く準備をすれば説得可能だとする。Cf. William B. Taylor, "Let Ukraine into NATO. It's essential," in *The New York Times*, International Edition, October 12-13, 2024, pp. 1, 10.

(18) 南アフリカで一九九四年に廃止されたアパルトヘイトでは、黒人は部族ごとにホームランド（バントゥースタン）と呼ばれる一〇の「独立国」の住民とされ、外国人として扱われて、南アフリカ国民に認められる南アフリカ法の保護を剝奪された。これらの「独立国」は主権国家としての実体のない虚構にすぎないため、黒人には「自国の法的保護」も与えられず、まったくの無権利状態に置かれる（参照、https://www.unic.or.jp/files/print_archive/pdf/apartheid/apartheid_15.pdf）。西岸のパレスチナ人もイスラエルの法的保護を剝奪されている一方、パレスチナ自治政府は、イスラエル入植者の横暴からパレスチナ住民を実効的に保護する実力もないため、アパルトヘイト下の黒人と同様な無権利状態にあるとみなされている。

（19）背景的要因については、トランプが就任前からイスラエルとハマース双方に早期停戦の圧力をかけたから停戦合意が成立したとする「トランプ効果」説も流布している（参照、https://mainichi.jp/articles/20250116/k00/00m/030/219000c）。しかし、トランプが「トランプ効果」を印象付けたいのであれば、自己の大統領就任直後に停戦合意させるのがむしろ「効果的」で、バイデンの実績とみなされる可能性があるこのタイミングで停戦合意が発表された主因をトランプの圧力に求めるのは無理がある。停戦合意の内容はバイデン政権が二〇二四年五月に提示したものと基本的に同じで、今般実現が促進されたのはイスラエルの圧倒的な軍事的優勢によりハマース側が譲歩したことが大きな要因である。バイデン政権は中東政策の引継ぎをスムーズにするために、トランプの政権移行チームを交渉過程の最終段階に参加させたので、今般の停戦合意を両陣営の協調の成果と言うことはできるかもしれない。しかしそれ以上のものではない。バイデン任期中に停戦合意が成立しバイデンの実績とされることにあせったトランプは、バイデン政権が関係当事者の公式回答を待っている間にこれをSNSですっぱ抜き、自分が大統領選に勝った結果だと吹聴した。トランプに見捨てられたくないイスラエルのネタニヤフ首相も、トランプに感謝するポーズを示して彼に阿った。メディアは「トランプ効果」を伝える際には、トランプのプロパガンダに利用されない節度を示す必要がある（cf. Peter Baker, "A rare show of unity to reach a deal on Gaza," in *The New York Times*,

International Edition, January 17, 2025 pp. 1, 5)。

(20) イラク・クウェート戦争において、安保理承認を得て米国主導の国連多国籍軍が出動したことは、それだけ切り取って見れば、国連の機能強化と言えるが、一九八〇年－一九八八年のイラン・イラク戦争と、二〇〇三年に米国が一方的に始めたイラク戦争をつなぐ中間項として位置付けてみれば、中東における米国の地政学的権益追求の道具として国連が利用されたという面もある。これについて、拙著『世界正義論』(筑摩書房、二〇一二年)三一三－三一五頁参照。

(21) 本書では詳述できなかったが、核戦争のリスクもかえって高まる。プーチンの「核のブラフ」の有効性を知った「潜在的侵略者」たちの間で核武装が拡大し、増強されるだけでなく、侵略意志のない諸国家も、米国の保護があてにできないことをウクライナの例から学ばされたなら、侵略されるリスクの増大に対処するために、自ら核武装して、核抑止力による防衛強化への意志を持ち始めるだろう(北朝鮮の核の脅威に曝されている韓国は、既にその意志の片鱗を示している)。核不拡散体制は崩壊し、核兵器のボタンを押せる権力者の数は一挙に増え、核攻撃される不安による誤解・誤認による核兵器使用リスクも含めて、核戦争が勃発するリスクは今よりはるかに高まるはずである。

(22) トランプⅡによる米国のウクライナ支援停止を念頭に置いたロシアの攻撃激化に対して、

NATO加盟保証を条件に戦線現状凍結し、領土問題解決を招来の政治的交渉に委ねるという停戦案をウクライナは呑む姿勢も示しているが、この停戦案においても、領土の法的な割譲をウクライナがロシアに認めたわけではなく、むしろ、ウクライナのNATO加盟と、ロシアが併合を主張しながら制圧できていないウクライナ東南部四州への更なる軍事侵攻の禁止というロシアにきわめて痛い譲歩を迫っている点で、ロシアに褒美を与えるものではない。だからこそ、ウクライナの譲歩に応じる停戦合意をロシアに受け入れさせるには、ロシアに軍事的勝利の不可能性を悟らせるまでウクライナが抗戦し続けられるよう、強力なウクライナ支援を西側諸国は続ける必要がある。

（23）元のラテン語格言の私の翻案は英語で直訳すると、Let justice be done, or else let the world perish. 日本語の文はその意訳である。経済学者のルートヴィッヒ・フォン・ミーゼスは元の格言を「功利主義的経済学者（the utilitarian economist）」なら、こんなことは言わず次のように書き換えるとしている。*Fiat justitia, ne pereat mundus.* (Let justice be done so that the world will not perish.) Cf. Ludwig von Mises, *Human Action: A Treatise on Economics*, Ludwig von Mises Institute, 1998, p. 147. ミーゼスの翻案は、世界滅亡回避という帰結を正義の目的にして正当化根拠とすることにより、功利主義のような「帰結主義」の規範理論を前提にし、前面にも出しているが、ここでは、功利主義・帰結主義の立場をとるか否かに関わりなく承認されるべき人間世界の「生の事実」として、悪の勝利の持続不可能性を指摘したいので、有名なミーゼスの翻案にはあえて従わず、自家流翻案を示した。ラテン語の素養は私にはないので、我が意を伝えるより良き翻案があればご教示賜りたい。

井上　達夫（いのうえ　たつお）
東京大学名誉教授（法哲学）
1954年大阪市生まれ。1977年東京大学法学部卒
〔主要著作〕『ウクライナ戦争と向き合う——プーチンという「悪夢」の実相と教訓』（信山社、2022年）、（『規範と法命題』（木鐸社、2021年）、『増補新装版　共生の作法』・『増補新装版　他者への自由』（以上、勁草書房、2021年）、『生ける世界の法と哲学』（信山社、2020年）、『立憲主義という企て』（2019年）・『法という企て』（2003年）（以上、東京大学出版会）、『普遍の再生』（2019年）・『自由の秩序』（2017年）・『現代の貧困』（2011年）（以上、岩波現代文庫）、『憲法の涙』（2016年）・『リベラルのことは嫌いでも、リベラリズムは嫌いにならないでください』（2015年）（以上、毎日新聞出版）、『世界正義論』（筑摩書房、2012年）

信山社
法と哲学新書

悪が勝つのか？
——ウクライナ、パレスチナ、そして世界の未来のために

2025（令和7）年2月25日　第1版第1刷発行

©著　者　井　上　達　夫
発行者　今　井　貴
　　　　稲　葉　文　子
発行所　㈱　信　山　社
〒113-0033　東京都文京区本郷6-2-9-102
電話　03（3818）1019
FAX　03（3818）0344
Printed in Japan

印刷・製本／藤原印刷

ISBN 978-4-7972-8345-7 C3231

人類と書物の受難の時代に――〈法と哲学〉新書の創刊に寄せて

井上達夫

人類は受難の時代を迎えている。パンデミック、戦争など、古くからの危機の拡大や再現に加えて、地球環境問題・エネルギー問題、ITの高度化による情報操作・情報統制の容易化と情報世界の分断化・仮想化、AIの進化による人間的知能の劣位化、バイオ・テクノロジーの進歩による人間存在そのものの遺伝的操作など、科学技術と産業文明の発展がもたらした新たな危機が現出している。このような時代にこそ、我々は自らが直面する問題状況を、とりわけ「不都合な真実」を、冷厳に直視し、それへの対処の方途を模索するために、深く広く思考しなければならない。

残念ながら、個人の「経験知」は狭隘たるを免れない。だからこそ、我々の思考を拡大深化させる「知の糧」として書物が不可欠である。しかし、いまや若者だけでなく年長者にも「本離れ」が進んでいる。SNSの普及もその一因のようである。ツイッターの一四〇字（半角二八〇字）以内という字数制限を超える「長い文章」を読むのに苦痛を覚える人が増えているという。人類の受難の時代は同時に、書物の受難の時代である。米国でトランプ元大統領がツイッターで発信するデマとヘイトスピーチに扇動された人々は、根拠なき選挙不正陰謀説を信じ込み、国会議事堂襲撃の暴挙にまで及んだ。この事件が象徴するように、書物の受難の時代の背景にある情報世界の変質は、民主主義の自壊という人類の政治的危機とも直結している。

人類社会の危機は、社会秩序が根底から揺さぶられる危機であり、まさにそれゆえに、人間の社会秩序形成の重要な役割を担ってきた法の危機でもある。人類に突き付けられた困難な課題の挑戦に応じるために、法そのものの在り方、その可能性と限界とを哲学的・根源的に問い直し、新たな社会秩序・世界秩序の形成において法が果たし得る、そして果たすべき役割を再検討する必要がある。

さらに、人類社会の危機は、その発生・進行に知らず加担している市井の人々自身が自覚し、自ら対峙しようとしない限り克服できない。本離れしつつある人々も読んでみたくなるような分かり易い言葉で問題を提起し、それについて自ら考え他者と論議する実践へと読者を誘うような書物、栄養価が高いだけでなく、食べやすくて美味しい「知の糧」となる書物を、購入しやすい価格で提供することが求められている。〈法と哲学〉新書は、「人類の受難の時代」における社会秩序と法の再編という根本的な問題を、「書物の受難の時代」に生きる人々が共に考え、共に議論するための「知の糧」を提供する企てである。この新書シリーズが、多くの人々に、その食指を動かしめ、味読されることを願ってやまない。

二〇二一年五月